Baedekers

PASSAU

Anschluß siehe S. 34/35

ATLASCO Kartographischer Verlag Reif KG 6072 Dreieichenhain

Baedekers
PASSAU

STADTFÜHRER
VON
KARL BAEDEKER

Mit 13 Karten und Plänen
und 35 Zeichnungen

KARL BAEDEKER
FREIBURG

STERNCHEN (*)
als Mittel zur Hervorhebung bedeutender Bau- und Kunstwerke,
Naturschönheiten, Aussichten
oder auch besonders guter Hotels und Restaurants
hat Karl Baedeker im Jahre 1844 eingeführt;
sie werden auch hier verwendet.
Besonders Beachtenswertes ist durch ein Sternchen (*),
in seltenen Fällen auch durch zwei Sterne (**) gekennzeichnet.

Druck: Druckhaus Langenscheidt, Berlin-Schöneberg
Printed in Germany
ISBN 3-87954-067-5

VORWORT

Passau erscheint in Baedekers 'Handbuch für Reisende durch Deutschland' zum erstenmal 1842 und nimmt dort zwei Seiten ein. *Karl Baedeker* (1801–59), der Urgroßvater des Herausgebers, nennt es darin das 'Coblenz der Donau'. Seitdem sind die roten Bände der schönen Dreiflüssestadt in ihrer Entwicklung mit immer ausführlicheren Beschreibungen gefolgt, bis 1975 nach über 130 Jahren erstmals ein eigenes Passaubändchen erscheinen konnte, gefördert durch Oberbürgermeister *Dr. Emil Brichta*. Dieses legen wir nun in dritter, sorgfältig berichtigter Auflage vor.

Namhafte Unterstützung bei der Redigierung des Textes leisteten insbesondere Stadtdenkmalpfleger *Franz Mader* und der Leiter des Passauer Fremdenverkehrsbüros *Georg Steiner* sowie zahlreiche weitere städtische Institutionen.

Die Zeichnungen stammen von *Katja Ungerer*. Die beiden Stadtpläne verdanken wir dem Kartographischen Verlag *Atlasco* in Sprendlingen, die Stadtgebietskarte dem Graphischen Atelier *Beron* in München. Die Sonderpläne und Grundrisse zeichnete die Kartographische Anstalt *Georg Schiffner* in Lahr.

Das vorliegende Bändchen wird sich gewiß als nützlich erweisen, Passaus Schätze zu erschließen und die Stadt in ihrem Wesen kennenzulernen. Wir wissen aber aus Erfahrung, daß Irrtümer und Fehler nie ganz zu vermeiden sind, und bitten deshalb um Berichtigungen und Verbesserungsvorschläge, die der nächsten Auflage zugute kommen werden.

Freiburg im Breisgau *Karl Baedeker*

INHALT

KARTEN UND PLÄNE

PRAKTISCHE ANGABEN

Auskunft
Fremdenverkehrsverein, Geschäftsstelle Residenzplatz 10, Tel. 3 34 21, *Tourist-Information* im abr mit Zimmernachweis, und *Amtliches Bayerisches Reisebüro* GmbH (abr), 5 12 51, im Pavillon vor der Nibelungenhalle. Gegenüber vom Hauptbahnhof *Reisebüro Niedermayer KG,* Bahnhofstr. 30, 60 92; *Europäische Wochen EV,* Intendanz Heilig-Geist-Gasse 14, 3 30 38, Kartenvorverkaufstelle in der Nibelungenhalle, 5 16 89; *ADAC-Geschäftsstelle,* Nikolastr. 2a, 5 11 31. – *Reisewetter* 1 16 00.

Betriebsbesichtigungen
Nach vorheriger Anmeldung möglich in Industrie- und Granitwerken, Glashütten, in der Molkerei und Köhlerei sowie in der Glockengießerei Perner. Vermittlung durch den Verkehrsverein.

Bücher und Karten.
Bildbände:
Teschendorff/Reinhart, Passau, die schwimmende Stadt. DM 29,80;
Kapfinger, Schöne Dreiflüssestadt Passau. DM 18,80;
Passau in alten Photos. Photographien 1885–1958. DM 42,–.
Kulturgeschichte/Kunstgeschichte:
Heller, Zweitausend Jahre Passau. DM 29,80;
Oswald/Schäffer, Passau. Geschichte, Kunst, Gegenwart. DM 9,80;
Schäffer, Begegnung mit Passau. DM 23,80;
Heller (Hg.), A bis Z Führer Passau. 7,40;
Schäffer/Peda, Passau. 4,–;
Barufke, Rundwege Passau. DM 8,80;
Schäffer/Peda, Passau, alte Bischofsstadt. DM 12,80;
Schnell u. Steiner (Kl. Kunstführer), Dom, Fürstbischöfl. Opernhaus, Veste Oberhaus, Kloster Niedernburg, Mariahilf, St. Severin, St. Paul, St. Nikola. je DM 3,–;
Schäffer/Peda, Der Stephansdom zu Passau. DM 4,–;
Schäffer/Peda, Burgen und Schlösser im Passauer Land. DM 4,–;
Schäffer/Peda, Wallfahrten im Passauer Land. DM 4,–;
Mader/Peda, Wallfahrten im Bistum Passau. DM 36,–;
Moritz, Oberhausmuseum Passau. DM 9,80;
Veit, Passau Hochstift. DM 72,–;
Mader, Kunstdenkmäler von Niederbayern III, Stadt Passau. DM 182,–;
Mader, Kunstdenkmäler von Niederbayern IV, Bezirksamt Passau. DM 98,–;
Erhard, Geschichte der Umgebung von Passau. DM 180,–.

Verschiedenes:
Brunner, Im Zauber einer alten Stadt. DM 14,70;
Fabri, Briefe eines Reisenden über das Hochstift Passau. DM 65,–;
Rosenberger, Passauer Erinnerungen. DM 14,80;
Heller, Passauer Briefe eines Nürnberger Handlungsreisenden. DM 19,80;
Heller, Passau. Der wilde Mann und 77 Geschichten. DM 19,80;
Carossa, Der Tag des jungen Arztes. DM 26,–.

Wanderführer:
Geyer/Wirthensohn, Wander-Führer Umgebung von Passau und Bayer. Wald. DM 10,–;
Karl (Red.), Bayerischer Wald, Wandern und Erleben. DM 16,–;
Weinzierl/Bibelriether/Sperber, Nationalpark Bayerischer Wald. DM 22,80.

Karten:
Atlasco Stadtplan 1 : 10000. DM 2,90;
Stadtplan des Städte-Verlages 1 : 20000. DM 4,80;
Stadtplan Verlag Freytag & Berndt 1 : 15000. DM 6,80;
Österr. Topographische Karte 1 : 50000 Blatt 12 Passau. DM 8,80;
Dt. Generalkarte, 1 : 200000 Blatt 20 u. 23 je DM 6,80.

Gaststätten

Außer in den aufgeführten Hotels: **Heilig-Geist-Stiftsschänke* mit mittelalterlichem Stiftskeller; *Palais Keller,* Innbrückgasse; *Ratskeller* im Rathaus; *König,* Rindermarkt, *Blauer Bock,* Fritz-Schäffer-Promenade; *Zum Landsknecht,* Lederergasse; *Bayerischer Löwe,* Neuburger Str. 49; *Passauer Wolf,* Rindermarkt 6/8; *Schloßbräukeller,* Schrottgasse.

Bräugaststätten: Peschlbräu, Roßtränke, *Löwenbräustüberl,* Kl. Exerzierplatz; *Weißbierbrauerei Andorfer* auf der Ries (Bus Nr. 4); *Innstadtbräustüberl,* Schmiedgasse 23.
Ausflugsgaststätten: Hoftaverne, Neuburg; *Platte* bei Rehschaln; *Pfälzer Weinstuben,* Bad Kellberg; *Blaas* bei Hinding/Ö; *Triftsperre* im Ilztal bei Hals; *Fischerstüberl,* Gaishofen an der Donau.
Cafés: Hoft, Simon, Ludwigsplatz und Ludwigstraße, auch Eisdielen; *Haslbauer,* Theresienstr. 8; *Theresiencafé,* ebenfalls Theresienstr., in einem schönen Innenhof; *Torten-König,* Grabengasse 25; *Greindl,* Roßtränkenhof; *Hubertus* am Residenzplatz; *Meyerhofer,* Gr. Klingengasse 8; *Passauer Tölpel;* Höllgasse 22 (Nichtraucher). Auswärtige Besucher bevorzugen vor allem im Sommer die *Ratskellerterrasse,* die Terrasse vor der *Laube,* vor allem aber das Café/Restaurant auf der *Veste Oberhaus.*

Geldwechsel

Im Hauptbahnhof, Bahnsteig 1, Deutsche Verkehrs-Kreditbank; am Ludwigsplatz Banken und Sparkassen; am Grenzzollamt Achlaiten im Sommer.

Jahreskalender

Im März/April 10 Tage *Passauer Frühjahrsausstellung* (Handwerk, Baustoffe, Landwirtschaft). – Anfang Mai *Maidult* (Bierfest und Jahrmarkt) mit großem Trachten- und Schützenfestumzug am 1. So der Dultwoche. – Juni/Juli *Europäische Wochen,* Konzerte und Theateraufführungen. – Im Juli *Haferlfest* in der Ilzstadt. – *Trachtenfeste* während des Sommers in den umliegenden Orten. – *Herbstdult* in der 1. Septemberwoche. – Mitte Dezember *Holzmarkt* in der Fußgängerzone. *Christkindlesmarkt* in der Nibelungenhalle.

Notdienst

Notruf 110; Krankenwagen und Arzt 22 22; Krankenhaus 70 14. Polizei, Nibelungenstr. 17, 50 31.

Öffnungszeiten

Bibliotheken: Staatl. Bibliothek (S. 69): Mo–Fr 8–12 und nachm. Mo–Mi 13.30–18, Fr 13.30–16 Uhr.
Europabücherei der Stadt Passau (S. 40): Mo–Fr 10–18 Uhr.
Institut für Ostbaierische Heimatforschung (S. 69): 15–17 Uhr.
Institutsbibliothek der Kath.-theolog. Fakultät (S. 69).
Kath. Zentralbibliothek (S. 36): Mi, Fr, Sa 15.30–18 Uhr.
Universitätsbibliothek (S. 108): Mo–Fr 8–22, Sa 9–13 Uhr.
Zentralbücherei Passau, Theresienstr. 22: Mi, Do 14–17 Uhr.

Blumen- und Gemüsemarkt (S. 50): Di, Fr 7–11 im Sommer auf dem Domplatz.

Diözesanarchiv (S. 51): Anfrage im Ordinariat, Domplatz 3.

Dom (S. 53): täglich 7 bis Dunkelheit; *Domkapellen* und *Domturm* beim Verkehrsamt erfragen. Führungen im Sommer werktags 12.30, im Winter 12.00 Uhr. Orgelkonzerte Mai–Okt. werktags 12.00–12.30, Do 19.30–20.00 Uhr.

Kirchen: 7 bis Dunkelheit, größtenteils 12–15 Uhr geschlossen. Besonderen Zulaß haben: *Marienkirche* im Kloster Niedernburg (S. 70), an der Schulpforte; *Studienkirche St. Michael* nach Anfrage im Bischöfl. Ordinariat und *St. Johannes Spitalkirche,* Zugang durchs Spital.

Kunstausstellungen: Regelmäßige Ausstellungen im Rittersaal der *Veste Oberhaus* und in der *St.-Anna-Kapelle,* Hl.-Geist-Gasse; *Theater-Galerie,* Innstr. 6a, Sonderausstellungen, Gemälde; *Atelier König-Schalinski,* Große Messergasse 1, Bronzeplastiken, Hinterglasmalerei; Sonderausstellungen während der europäischen Wochen, u.a. in der *Nibelungenhalle.*

Museen: Glasmuseum (S. 65): Kaisersäle im Hotel 'Zum Wilden Mann', 9–17 Uhr.

Oberhausmuseum, 9–17 Uhr, montags und Nov.–März (außer Weihnachtsferien) geschlossen. Durchgang durch die Veste.

Römermuseum Kastell Bojotro (S. 98): Im Gruberhaus, Apr.–Okt. und Dez. täglich außer Mo 10–12, 15–17 Uhr.

Rathaus (S. 62): zugänglich im Rahmen von Führungen oder im Anschluß daran, werktags 11–12 und 15–16 Uhr; auf Anfrage beim Hausmeister.

Residenz (S. 58): Treppenhaus während der Bürozeiten.

Sparkassen (S. 37): Wechselausstellungen in den Schalterhallen.

Sternwarte (S. 79): auf der Veste Oberhaus, Mi bei Dunkelheit.

Post

Hauptpostamt. Bahnstr. 27 sowie 13 weitere Postämter und Poststellen, darunter am Dom. Postleitzahl 8390, Telefon-Vorwahl 08 51.

Souvenirs

An der Spitze der als Reiseandenken beliebten Gegenstände steht das *Bayerwaldglas,* das geschliffene Zwieseler Tafelglas oder Kelche und Schalen aus Spiegelau mit dem gekrönten 'S' als Gütezeichen. *Handkeramik* wird in der Stadt Passau nur noch wenig betrieben (von Stauber in der Theresienstraße und Frimberger in der Schustergasse, der noch einen alten Brennofen warm hält). Bayerische Maßkrüge kommen zum Verkauf, weiß/blau, etwas derb, die feineren kobaltblauen heißen 'moderne' und stammen aus dem Westerwald. *Holzschnitzereien* entstehen im Hinblick auf den Dom als Puttenköpfe, Barockengel und Madonnen aus hellgelblichgrünem Lindenholz. *Wachsplatten,* nicht nur für Wappen, Zeichen und Sportpreise, sondern auch für große Geschichtsbilder oder kleine Spitzweggenres finden ihre Liebhaber. Die *Hinterglasmalerei* borgt bei den Glashütten und erlebt zur Zeit eine neue Blüte bei alten Sammlern. Zu Orgelkonzerten, gespielt auf der größten Kirchenorgel der Welt im Dom zu Passau, sind zahlreiche *Schallplatten* und *Kassetten* erhältlich.

Geschäfte

Bauer, Rathausplatz (Motivbilder auf Gebrauchsgegenständen); *Stauber,* Theresiengasse 4 (handgeformte Keramik); *Töpferei Frimberger,* Schustergasse 15 (Passauer Fayencen); *Vogl,* Grabengasse 15 (Porzellan, Zinn, Gemälde, Rahmungen); *Fuchs,* Residenzplatz (handgewebtes Leinen, Fleckerlteppiche); *Schuster,* Steinweg 4 (Schnitzereien).

Sport

Etwa 35 Sportvereine (Anschriften im Sportreferat im Rathaus) besitzen zum Teil hervorragende Anlagen und gute Clubhäuser. Fußball und Tennis stehen obenan; für Reiten und Skilanglauf bietet die Umgebung prächtiges Gelände; die alte Kunst des Eisstockschießens wird sehr gepflegt; ein international bekannter Ruderverein und ein Motorjachtclub nutzen die weiten Stromstrecken.

Sportstätten: Dreiflüssestadion, Danziger Str. Buslinie Nr. 3; *Fußballplatz* Grubweg, Schulbergstraße, Bus Nr. 1. – FREIBÄDER: *Bschüttbad,* Ilzstadt, Bus Nr. 3; *Freibad Neustift,* Bus Nr. 2, beide beheizte Schwimmbecken, große Liegewiesen, Mai bis September 9–20 Uhr; *Stausee Ilz* in Hals, Bus Nr. 3, und freie Badegelegenheiten ilzaufwärts. – HALLENBÄDER: *Schule Neustift* mit Wettkampfbahnen; *Hallenbad Passau,* Neuburger Str. 96c (mit Sauna); *Gesundheitszentrum Frickinger,* Grubweg, Christdobl 13 (mit Sauna und Kneippanlagen); *Reichelt Nibelungenbad,* Schießstattweg 3 (mit Sauna und med. Bädern).

Unterhaltung

Stadttheater, Innstr. 1, 350 Plätze. Programm des *Südostbayerischen Städtebundtheaters* (Landshut-Passau-Straubing), Opern, Operetten, Schauspiele, Lustspiele, Ballett. Theaterkasse an Vorstellungstagen 11–12.30, 16.30–18.00, außer Mo; Sa und So ab 18.00 Uhr geöffnet, 396/327. – *Theater im Scharfrichterhaus* (S. 62), Kasse 3 59 00. – LICHTSPIELE: *Capitol,* Neuburger Str. 46; *Promenade,* Unterer Sand 11; *Atlantik,* Ilzstadt; Programmabruf 11 51.

Bars/Diskotheken: Camera, Ludwigsplatz; *Regina,* Roßtränke; *Trocadero,* Löwengrube in der Innstadt; *Smuggler's Club,* Roßtränke; *Tiffany,* Neuburger Str. 24.

Unterkunft

Passau hat rd 50 Hotels und Gasthöfe mit etwa 2000 Betten. Nachweis und Preisliste durch den Fremdenverkehrsverein. Wir geben eine Auswahl bewährter Häuser. Die hochgestellte Zahl bezeichnet die Preisklasse eines Einzelzimmers [1] = über 40, [2] = bis 40, [3] bis ca. 30 DM.

Hotels. – Neumarkt: *Weißer Hase*[1], Ludwigstr. 23, 3 40 66, 220 B; *Zum König*[1], Rindermarkt 2, 3 40 98, 34 B; *Wilder Mann*[1], Am Rathausturm, 3 50 71, 80 B; *Wienerwald*[3], Gr. Klingergasse 17, 3 30 69, 51 B. – Altstadt: *Zum Laubenwirt*[1], Ort, 3 34 53, 34 B; *Altstadthotel*[1], Bräugasse 27/29, 3 34 51, 47 B; *Schloß Ort*[2], 3 40 72, 56 B., im alten Burggelände am Dreiflußeck; *Zum Hirschen*[3], Ort 6, 3 62 28, 23 B, mittelalterlicher Bau.

Im Westen: *Dreiflüssehof*[1], Danziger Str. 42, Bus Nr. 1, 5 10 18, 135 B; *Pell*[2], Steinbachstr. 60, 8 15 01, 58 B, mit Garten. – Im Norden: *Triftsperre*[3], Triftsperrstr. 15, Bus Nr. 3, 5 11 62, 34 B. – Im

Osten reizvoll im Donautal gelegen: *Zur Post*[1], Erlau, Bus ab Hbf, 0 85 91/5 10, 42 B; *Faberhof*[1], Schildorf/Ö (A-4785 Haibach), Bus ab Hbf, 00 43/77 13 81 44, 40 B.

Gasthöfe, alte Häuser an Donau und Inn: *Blauer Bock*[2], Fritz-Schäffer-Promenade, 3 46 37, 51 B; *Grauer Hase*[3], Oberer Sand 1, 24 87, 15 B.

Hotels und Pensionen in Höhenlage etwas außerhalb: *Abrahamhof*[2], Abraham 1, 67 88, 50 B, am Wald; *Innblick*[2], Brixener Str. 7, Bus Nr. 1, 73 61, 39 B; *Firmiangut*[1], Firmiangut 12, 4 19 55, 45 B, ruhig; *Christopher Hof*[3], Thyrnau, Bus ab Hbf, 0 85 01/2 01, 17 B, landschaftlich reizvoll gelegen; *Pfälzer Weinstuben*[2], Bad Kellberg, 0 85 01/13 15, 46 B; *Maxhöhe*[2], Bad Kellberg, 0 85 01/2 20, 83 B, mit Sicht über das Donautal. – Altstadt: *Rößner*[3], Bräugasse 19, 3 52 18, 34 B; *Weißes Lamm*[3], Theresienstr. 10, 22 19, 24 B.

Jugendherberge: auf der Veste Oberhaus, Bus Nr. 9, 4 13 51, 200 B. Faltbootheim an der Ilz. – ZELTPLÄTZE: Dreiflüssecamping Pitscheneder, *Irring,* 0 85 46/6 33; Zeltplatz der Faltbootabt. des TV *an der Ilz,* Halser Str. 34, 4 14 57.

Zeitung. *Passauer Neue Presse,* Neuburger Str. 28; Anzeigenblatt *Passauer Woche,* Firmianstr. 3; *Passau aktuell,* monatlicher Veranstaltungskalender; *Programme* der Europäischen Wochen ab März.

Vereine

Verein Europäische Wochen, Nibelungenhalle 1. Stock, 5 16 89; *Verein Ostbaierische Heimatforschung* (Institut), Michaelisgasse, 3 34 25; *Kunstverein* Passau, Stephanstr. 44, 5 94 14; *Konzertverein,* Innstr. 17, 5 11 46; *Gesellschaft der Musikfreunde,* Innbrückgasse 1, 3 30 38; *Passauer Volkschor,* Nibelungenstr. 20, 5 36 37; *Bayerischer Waldverein* (Sektion Passau), Linzer Str. 7, 4 34 88; *Trachtenverein,* Voglau 7, 3 58 44; *Volkstanzkreis* Ortenburg 0 85 42/5 41; *Deutscher Böhmerwaldbund,* Peschlbräu, Roßtränke, 3 34 00; *Karnevalsgesellschaft Narrsavia* über den Verkehrsverein.

Verkehr

Fernstraßen: Autobahn *BAB A3/E5* Regensburg-Passau. *Bundesstraßen: B8* von Regensburg über Vilshofen; *B85/22* von Bayreuth über Cham; *B12* von Freyung über PA nach Berchtesgaden/München; *B388* von München über Pfarrkirchen durch PA nach Wegscheid. In Österreich *B130* längs der Donau nach Linz und Wien; *B129* über Schärding nach Salzburg/Wien.

Bundesbahn: Hauptstrecke Regensburg-PA-Wien, Hauptbahnhof mit Grenzabfertigung für intern. Reiseverkehr. Zugpaare: *Prinz Eugen* (IC) von Bremen-Würzburg-PA-Wien; *Beogradexpress* Hamburg-Würzburg-PA-Graz–Beograd; *Ostende-Wien-Express* über Bonn-Frankfurt-Würzburg-PA; *Wien-Holland-Express* nach Amsterdam; *Johann-Strauß* Wien-Frankfurt; *Donaukurier* Wien-Dortmund. Zur

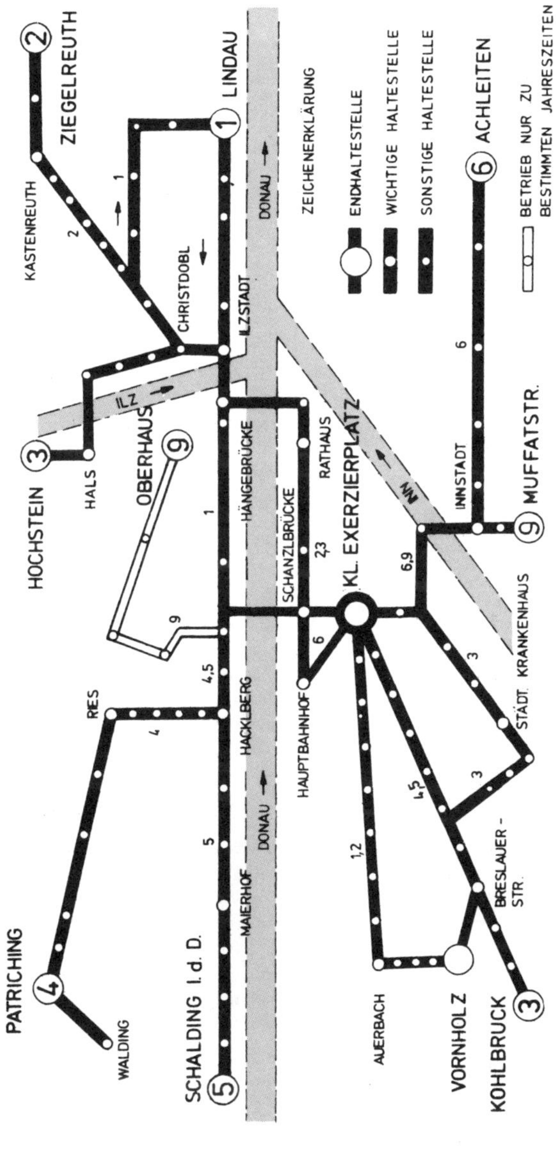
ZIEGELREUTH
KASTENREUTH
LINDAU
CHRISTDOBL
ILZSTADT
DONAU
ILZ
HOCHSTEIN
HALS
OBERHAUS
HÄNGEBRÜCKE
RATHAUS
SCHANZLBRÜCKE
KL. EXERZIERPLATZ
INN
INNSTADT
MUFFATSTR.
ACHLEITEN
ZEICHENERKLÄRUNG
ENDHALTESTELLE
WICHTIGE HALTESTELLE
SONSTIGE HALTESTELLE
BETRIEB NUR ZU BESTIMMTEN JAHRESZEITEN
RES
HACKLBERG
HAUPTBAHNHOF
STÄDT. KRANKENHAUS
PATRICHING
WALDING
SCHALDING l. d. D.
MAIERHOF
AUERBACH
VORNHOLZ
BRESLAUER-STR.
KOHLBRUCK

Landeshauptstadt München Eil- und D-Zugverbindungen (2–3½Std.). – Nebenbahnen: *PA-Freyung, PA-Pocking, PA-Schärding* (Österr.).
Flugplatz: bei Fürstenzell für Sport und Industrie (16 km, über BAB-Anschlußstellen PA-West oder PA-Süd).

Schiffe: Dreiflüsse-Rundfahrten im Stadtgebiet auf Donau, Ilz und Inn, Dauer 45 Min.; donauabwärts nach *Obernzell,* durch die Schleuse *Jochenstein* weiter zur *Schlögener Schlinge,* Dauer 4½ Std.; Ausflugsfahrten nach *Österreich* (Engelhartszell, Linz, Grein); donauaufwärts nach *Vilshofen* und *Deggendorf* (an einigen Tagen auch von Regensburg donauabwärts, Rückfahrt nur mit Bahn am folgenden Tag). Schiffe für längere Ausflugsfahrten sind bei kühler Witterung geheizt, alle Schiffe haben Bordrestauration. Auf der Strecke Engelhartszell–PA ist zollfreier Einkauf möglich. Fahrpläne und Kassen vor den Schiffsanlagestellen an der Fritz-Schäffer-Promenade (Donaulände). Kreuzfahrten nach *Budapest* oder bis zur *Donaumündung* (8 bzw. 14 Tage).
Bayerischer Lloyd Schiffahrts AG, Agentie Passau, Roßtränke 8 (3 30 93); Hauptverwaltung Regensburg, Postfach 1577; zugleich Vertreter von 6 Donauschiffahrtsreedereien aus sechs europäischen Ländern. Keine Personenschiffahrt.
Donauschiffahrtsgesellschaft Wurm und Köck GmbH & Co., Höllgasse 26 (20 65/66), Schiffsanlegestelle an der Fritz-Schäffer-Promenade und am Donaukai in der Altstadt. Sie betreibt 7 Schiffe (300–1 250 Personen) und veranstaltet Dreiflüsse-Rundfahrten, Ausflugs- und Sonderfahrten.
Donaudampfschiffahrtsgesellschaft (DDSG, Sitz Wien), Ort 14a (3 30 35). Anleger vor dem Ort. Zugleich Generalagent der 'Sowjetischen Dampfschiffahrt' (SDF) Passau-Wien-Jalta. *DDSG* Reisedienst in Wien: Handelskai 265 (00 43 2 22/26 65 36).
Schiffahrtsgesellschaft Deilmann GmbH & Co., 2430 Neustadt i.H., (0 45 61/60 41). Agentie der Linie Passau-Budapest mit MS "Donauprinzessin".
Omnibusse: 9 innerstädtische und zwei privat betriebene Buslinien. Zahlreiche Überlandlinien donauaufwärts und -abwärts, in den Bayerischen Wald, innaufwärts und nach Österreich: Kraftpost, Bahnbus, drei Privatunternehmen: Niedermayer 60 92, Escherich 5 23 85, Fürst 73 07. – Österreichische Post im Donautal täglich Linz–Engelhartszell–PA, im Sommer von der dt. Post unterstützt. Die Nibelungenpost PA–Linz ist auf Hin- oder Rückfahrt mit Schiff abgestimmt. Abfahrten an der Nibelungenhalle, Hauptbahnhof, Kaufhaus bilka, Schanzlbrücke.
Parken: Kl. Exerzierplatz; unter der Schanzlbrücke; Innpromenade; Parkhaus Nikolastraße, Parkplatz Mariahilf. Funktaxis: 73 73, 75 00, 25 00.

GESAMTBILD UND GESCHICHTE

Passau, die **Dreiflüssestadt, wird seit alters als eine der schönsten Städte Deutschlands bezeichnet. Im Südosten der Bundesrepublik auf 13 Grad 28′ östlicher Länge und 48 Grad 34′ nördlicher Breite gelegen, hat es auf 12 Kilometer Anteil an der deutsch-österreichischen Landesgrenze. Zur bayerischen Hauptstadt sind es 190 Bahnkilometer, zur Regierung Niederbayern in Landshut 116, nach Wien 299. Mit sieben Fernstraßen, davon zwei österreichische Bundesstraßen, und der neuen Autobahn ist es ein Verkehrsknotenpunkt, der von der Donauwasserstraße durchströmt wird. Seine einzigartige Lage am Zusammenfluß von Donau und Inn, denen von Norden die Ilz zufließt, hat Passau zur Handelsstadt bestimmt und ihr den gern gebrauchten Beinamen gegeben.

Die drei Flüsse haben sich in geologischen Zeiträumen tief in einen Gneisrücken eingegraben, den eine frühtertiäre Erdbewegung ihnen in den Weg legte. Auf der Halbinsel vor dem 'Dreiflußeck' bot ein Gneisfelsen, in frühen Zeiten bei Hochwasser eine Insel, am Ausgang der Steinzeit geschützte Wohnsitze. Die mittelalterliche Stadt verharrte auf der Talsohle und den sechs Uferstreifen. Erst im 19. Jahrhundert besiedelte die zunehmende Bewohnerzahl die einst mit dichtem Laubwald bestandenen Abhänge, Leiten genannt, und breitete sich auf den welligen Hochflächen ringsum aus. Wohlgepflegte Dörfer, Weiler und Einzelhöfe, sogenannte Einöden, umschließen als Kranz die Stadt zwischen Wäldern, von denen südlich der Donau der Neuburger Wald und im Osten der ins österreichische Innviertel greifende Sauwald die größten sind. Äcker, Wiesen und Obstanger reichen oft unvermittelt an Talabbrüche heran, die von Buchen, Erlen, Birken und Weiden bestanden sind. In den Gärten und Friedhöfen der Stadt findet man den Lebensbaum.

KLIMA. Die Jahreszeiten prägt der Gegensatz von warmen Sommern und schneereichen, kalten Wintern nach einem langen schönen Herbst. Reich an Sonnenstunden steht Passau mit schönem Wetter dem Bodensee kaum nach. Sieht man von der Altstadt im Talgrund ab, wo die Flußnebel lange lagern, gilt auch hier das für den Bayerischen Wald erstellte Gutachten: 'die klarste, reinste und gesündeste Luft der Bundesrepublik'. Im Bayerischen Wald ist der Winter schneesicher.

STADTBILD. Das Wachstum der Stadt hat sich dem Gelände anpassen müssen: zunächst im Hinblick auf die Verteidigung, später zur Bestätigung der fürstbischöflichen Machthaber, heute unter den wirtschaftlichen und sozialen Erfordernissen. Die Domstadt liegt hinter dem frühesten Befestigungswall durch zwei tunnelartige Einfahrten abgeschlossen; dahinter das Landratsamt und das Rathaus, das Land- und Amtsgericht, die fürstbischöflichen Residenzen und die neue Diözesanverwaltung, ein Kloster der Englischen Fräulein, Gymnasien, Handels- und Mittelschulen, die katholisch-theologische Fakultät, die Staatliche Bibliothek, am Ende einige Hotels am Schiffsanleger in der Ortsspitze ('Im Ort'), die ein touristischer Begriff geworden ist. – Dem im 13. Jahrhundert entstandenen Neumarkt fehlt, eingeengt zwischen den Flüssen, die prächtige niederbayerische Marktstraße. Doch wohlgestaltete Häuser, zumeist mit Fassaden des 18. Jh., bilden ein Geschäftsviertel, das zum Fußgängerbereich ausgestaltet wurde. In dieser alten Handwerkerstadt standen bis zum 19. Jahrhundert nur sehr wenige amtliche Gebäude und Kirchen, von zwei an der Mauer gelegenen Spitälern, dem städtischen Zeughaus und dem fürstbischöflichen Marstall abgesehen. Der *Anger* und *Eggendobl* auf dem linken Donauufer, die *Ilzstadt* der Fischer, Schiffsbauer und Saumtierführer auf den 'goldenen Steigen', jenseits des Inn die Innstadt, alle zwischen Wasserströmen und Talwänden eingepfercht, bildeten eher Brückenköpfe der Stadt als Vororte und führen daher auch heute noch ein merkbares Eigenleben.

Die Eisenbahn in der Donauaue führte die Stadt über den Spitzberg hinaus nach Westen. Lagerhäuser, Kleinbetriebe, Arbeiterwohnungen zogen die alten Hofsiedelungen *Grünau, Haitzing, Auerbach* (eingemeindet 1928) zusammen. Moderne Versorgungslager und Spezialbetriebe folgten älteren Fabriken in die Orte *Neustift* und *Rittsteig* und in das 1972 erschlossene Industriegelände von *Heining.* Über den Spitzberg verbanden sich allmählich gehobene Wohnviertel und Villenstraßen von *St. Nikola, St. Anton, Haidenhof* bis *Kohlbruck* mit Verwaltungsämtern, Instituten, Schul- und Einkaufszentren und einer Reihe von neuen Kirchen. Am Innufer entstanden nach dem Altersheim in *Apfelkoch* das Städtische Krankenhaus, der Schlachthof, ein Gymnasium, die neue Universität, mehrere Schulen und Industriebetriebe bis zum Kraftwerk der letzten Innstaustufe.

Auf der Innstadtseite blieb nach der schon dichten Bebauung mit alten und neuen Wohnstraßen von der *Voglau* bis zur *Rosenau* und ihrer Seitentäler nur der Anstieg auf die Höhen: Kühberg, Mariahilfberg, Hammerberg und der Hang oberhalb *Haibach* überziehen sich mit notwendigen, aber die Landschaft verändernden Wohnbauten.

Im Norden der Donau werden die Oberhausleiten, der Stadtpark und der Salvatorberg weiterhin ein grünes Gewand behalten. Doch wird *Hacklberg,* dem donauaufwärts *St. Stefan, Maierhof* und Siedlungen bis nach *Schalding* an der Autobahnbrücke folgen, bis zur *Ries* hinaufwachsen, wo schon die Endstellen der Buslinien errichtet sind. – *Grubweg* auf einem zur Stadt fallenden Hang bietet mit Reihenhäusern und Hochhausblöcken zwar keinen homogenen Anblick, bleibt aber hinter dem Ilzknie verborgen. Über den Schulberg hinaus wird es mit der Hangsiedlung auf dem Schneckenberg und *Lindau,* wo die Zahnradfabrik 4 000 Arbeiter beschäftigt, unumgänglich zusammenwachsen. Passaus Erscheinungsbild, Verkehr, Leben und Arbeit, läßt sich am besten mit einem ** Blick von der Veste Oberhaus und anderen aussichtsreichen Spazierwegen auf den Höhen erfassen.

BEVÖLKERUNG. Im *Stadtkreis Passau* leben auf 70 qkm rund 52 000 Einwohner nach der Gebietsneuordnung und beträchtlichen Erweiterung von 1972, im Landkreis 150 000 auf 1 530 qkm. Das ergibt eine Dichte von 716, bzw. 99 Menschen je qkm. Frühere Einwohnerzahlen sind: 1840: 10 200; 1900: 18 000; 1939: 24 000; 1954: 34 100. Der vorletzte Zuwachs entstand durch die Aufnahme von 7 000 Flüchtlingen aus dem Sudetengau, Schlesien, Ostpreußen und aus Südosteuropa, die das bisher kaum vorhandene protestantische Glaubensbekenntnis mitbrachten. Nochmals sprungartig erhöhte sich die Einwohnerzahl 1972 durch die Eingemeindung von Grubweg, Hacklberg, Hals, Heining und Schalding. Rund 8 000 Pendler kommen täglich aus einer Entfernung von mehr als 5 km zur Arbeit in die Stadt, die Zahl der Ausländer beträgt z.Zt. rd. 2 000.

In sämtlichen Wahlen war die CSU mit deutlichem Abstand am erfolgreichsten. Von 44 Sitzen im Stadtrat gingen 26 an die CSU, 13 an die SPD, 3 belegte die Freie Wählergemeinschaft, 1 die FDP und 1 gewannen die Grünen.

VERSORGUNG. Das Problem der Wasserversorgung in Passau geht auch durch seine Geschichte. Bis in das 19. Jh. reichten die mittelalterlichen Anlagen aus, dann wuchs der Bedarf ständig mit der Industrialisierung und Bevölkerung. Inzwischen ist die Versorgung gewährleistet. Mit der Gebietsreform gingen die örtlichen Wasserbeschaffungsanlagen an die Stadtwerke über. Sie betreiben das Gas-, Wasser- und Busnetz (S. 102 u. 103) und rüsteten das Stadtgebiet 1974 auf ein neues Gas, ein ungiftiges Butan-Luftgemisch mit höherem Heizwert, um. Die Kanalisation war ein großangelegtes Projekt mit dem Ziel, die drei Flüsse von Abwässern weitgehend frei zu halten.

Kulturelles Leben. Passau veranstaltet seit 1952 in den Monaten Juni und Juli die *Passauer Europäischen Wochen,* ein von besten europäischen Künstlern gestaltetes Festival mit rd vierzig Aufführungen von Schauspielen, Opern, Balletten, Konzerten, Dichterlesungen und Kunstausstellungen. Es empfängt dafür von der Bundes- und Landesregierung Zuschüsse und wurde bisher von 17 europäischen Staaten und den USA unterstützt. Zur 22. Veranstaltung 1974 wurde die Europafahne aus Straßburg verliehen. Man zählte 1984 fast ebenso viele Besucher wie im Lauf eines Jahres im Stadttheater (26 500), in dem regelmäßig in gegenseitigem Austausch das *Südostbayerische Städtebundtheater (Landshut-Passau-Straubing)* spielt. Dessen musikalische Leistung in Passau veranstaltet auch Kirchenkonzerte, Serenaden in alten Burghöfen und Kurkonzerte in der Umgebung. Das alte Musikschaffen unter den Fürstbischöfen (Paminger, Muffat, Fribert) spielt in den Programmen eine Rolle. Das in Passau entstandene Bassetthorn (Krummhorn) fand seinen Platz in der Instrumentalmusik. Vereine pflegen Lied und Trachtenblasmusik. Die *größte Kirchenorgel der Welt* erklingt im Passauer Dom. – Die *Städtepartnerschaften* mit Cagnes-sur-Mer an der französischen Mittelmeerküste, mit Krems in Niederösterreich, Akita in Japan und Hackensack, New Jersey (USA) gestalten sich unter der Beteiligung großer Gruppen bei gegenseitigen Besuchen zu festlichen Treffen mit sportlichen und musikalischen Aufführungen.

In der MALEREI begegnen sich Wiener und Münchner Einflüsse des 19. u. 20. Jh. im Nachklang der Arbeiten von Prof. Paris Gütersloh († 1973) und von Prof. Mac Zimmermann. Zu der sog. *Donau-Wald-Gruppe* zählt man unter Vorsitz des Architekten Hanns E. Wörlen den Bildhauer Lepold Hafner, den Maler und Kupferstecher Georg Weiß, den Maler Otto Sammer und den Designer Horst Stauber, während der Bruder Dieter Stauber mit traumhaft expressivem Inhalt und Stil einen eigenen Weg geht. Beispiele Passauer Kunst findet man in häufigen Ausstellungen (S. 38), in den neuen Kirchen St. Peter, St. Konrad, St. Michael und in Salzweg, der neuen Altarwand von St. Nikola (Erwin Horndasch) und in den Ausschmückungen der Stadtstraßen (Heinz Theuerjahr, Wolf Hirtreiter). – *Keramik* und *Glasmacherkunst* haben in der Stadt ausübende Handwerker, desgleichen die *Schmiedekunst* in Neustift. Eine Porzellanmanufaktur schloß 1941 ihren Brennofen und hinterließ im Oberhaus Exponate ihrer Tätigkeit.

In der LITERATUR bilden geografisch und wesensgemäß drei Schriftsteller ein Dreieck mit weit auseinanderliegenden Ecken: *Hans Carossa* (†1956), am Impressionismus geschult, vereinigte Wirklichkeitsschau mit klassischer Form (S. 104). *Alfred Kubin* (†1959), dem Expressionismus verhaftet, in Zwickledt (S. 119) lebend, zeichnete in Tausenden von Blättern Bizarres und spukhaft Düsteres und schrieb surrealistische Romane. *Max Matheis,* 1896 in Triftern in NdB. geboren und 1984 gestorben, beschrieb mit romantischem Realismus Glück und Leid in der niederbayerischen Heimatlandschaft. Als ein Erneuerer der Mundart wird er viel gelesen, vorgetragen und geschätzt.

Die BAUKUNST der fürstbischöflichen Zeit wirkt wie ein steinerner Triumphzug, so daß die moderne Architektur es schwer hat, alt und neu harmonisch zu integrieren. Die jüngste Bautätigkeit ist nicht unerheblich – allein 1 000 Wohnungen entstanden z.T. jährlich, mehr als in anderen Städten – aber ihre Gestaltungsweise hat örtlich vielfach auch herbe Kritik hervorgerufen. Geglückt sind einige öffentliche Bauten wie das Schulzentrum und die Ortskrankenkasse auf dem Spitzberg sowie eine Anzahl Kirchen, Heime und Kindergärten unter der Planung des neuen Diözesanbauamtes, das auch in der Denkmalpflege Vorbildliches leistet.

Das SCHULWESEN nahm in Passau schon immer einen bedeutenden Platz ein, vor allem auch hinsichtlich seiner Vielfalt, ein wesentlicher Faktor bezüglich der Zentralitätsfunktion, die die Stadt für diesen niederbayerischen Raum ausübt. Passau besitzt 4 Gymnasien, 2 Real- und Wirtschaftsschulen sowie eine staatliche Fachoberschule. 4 Berufsschulen und drei Berufsfachschulen ergänzen die Ausbildungsmöglichkeiten für gewerbliche, hauswirtschaftliche, landwirtschaftliche und kaufmännische Berufe. Eine Pharmazeutisch-technische Lehranstalt und zwei Krankenpflegeschulen bilden entsprechendes Fachpersonal aus. Drei weitere Fachakademien, 11 Grund- und Hauptschulen in den verschiedenen Stadtbezirken und eine Sonderschule für Lernbehinderte vervollständigen das Schulwesen. – Dem Ruf nach einer *Universität* entsprach der Bayerische Landtag am 16. 7. 1970. 1978 wurde sie eröffnet. Sie ist die achte in Bayern und die einzige im Regierungsbezirk Niederbayern. Inzwischen wurden 5 Fakultäten aufgebaut. Nach den Worten des Oberbürgermeisters wurde dadurch "von dieser herrlichen Stadt das ihr drohende Schicksal wirtschaftlicher Verarmung und kultureller Verödung abgewendet". Seit 1983 besteht ein Vertrag über wissenschaftliche Zusammenarbeit mit der Universität Prag.

VOLKSTUM. Die Passauer Maidult ist eines der anziehendsten Feste von den vielen, die im weiten Umkreis im Sommer in den Gemeinden gefeiert werden. Ihr Höhepunkt ist der Trachten- und Schützenzug, in dem althergebrachter und neumodischer Trachtenstil nebeneinander hergehen. Ältere Formen sind die halblangen, weiten Röcke der Männer und ihre großscheibigen Hüte. Später wurden stahlgrünes Tuch und gelbe Westen beliebt. Die Frauen tragen einen schwarzen Rock mit Mieder. Hemd, Schürze und Strümpfe sind weiß. Die Zierden sind ein silberbeschlagener Gürtel und die Hauben, deren Tüllrand den Scheitel bedeckt. Auf Festen und Empfängen kommt die kostbare, gestickte Goldhaube zur Geltung. Mit der Maidult ist ein Gauschießen in der Nibelungenhalle verbunden, wo die Überlieferung zur Sebastiansbruderschaft (gegr. 1560) und bis zur ältesten Schützengesellschaft Deutschlands, den 'Schießgesellen' von

1379, zurückreicht. 3000 Passauer haben 7000 Schußwaffen angemeldet, was ihre Vorliebe für Schützenvereine bezeugt. Hier wie im Handwerk, der Bauernschaft und der modernen Industriearbeiterschaft, aber auch im vertraulichen Freundeskreis der Gesellschaft, ist die passauische Mundart des Niederbayerischen die Umgangssprache.

KÜCHE. In Passau begegnen sich die österreichische, bayerische und böhmische Küche gleichwertig, wenn auch die Gastwirtschaften in der Regel die deftigen Fleischgerichte Bayerns bevorzugt anbieten. Die vorsorgliche Wiener Art der Fleischzubereitung und die leckeren Süßspeisen (Apfelstrudel, Palatschinken = gefüllter Eierkuchen) sind aber in vielen Hotels bekannt. Teigspeisen, wie Dampfnudeln mit warmem Obst, und Fische aus den Flüssen wie aus Zuchtteichen des Waldes findet man ebenfalls auf der Speisekarte. Am ersten November werden traditionelle Hefeteilchen, 'Allerseelenstriezl', verkauft. Bier und Wein werden als gleichberechtigt angesehen, da der letztere aus österreichischen Gewächsen, meist noch passauischen Besitzes, stammt (Kremser und andere). Bärwurz ist ein Schnaps aus dem Bayerwald. Passauer Bier, das in der Stadt noch fünf Brauereien herstellen, wird auch im 'Ausland', das heißt dem übrigen Bayern, geschätzt. Der jährliche Ausstoß beläuft sich auf ca. 465 000 hl.

Wirtschaftliches Leben. Passaus Wirtschaftsleben ging, gemessen am mittelalterlichen Wohlstand, seit dem Dreißigjährigen Krieg zurück. Den auslaufenden Salzhandel und die ausbleibenden Italiengüter suchten die Fürstbischöfe durch Holz und Flachs zu ersetzen. Als nach dem Wiener Kongreß Bayerns neue Staatsgrenze die schon spürbare Abschnürung vom Osten beurkundete, verfehlte man mangels Straßen und Rohstoffen den Anschluß an den sich industrialisierenden Westen. Der Bahnanschluß von 1860 half der 'Stadt im toten Winkel Deutschlands' nach 1918 nicht weiter. Der Eiserne Vorhang schien 1945 alle Aussichten einer Handelsstadt an der Grenze zu beenden. Weite Teile Niederbayerns, darunter auch die Stadt Passau, gehörten und gehören zu den sog. Fördergebieten, in denen der Bund und das Land Bayern Mittel zum Ausbau der Infrastruktur sowie zur Förderung von Gewerbebetrieben bei Neuansiedlung, Erweiterung und Rationalisierung vergeben. In die entsprechenden Verfahren sind die Industrie- und Handelskammer für Niederbayern und die Handwerkskammer Niederbayern-Oberpfalz eingeschaltet, die ihren Sitz in Passau haben.

Wie die allgemeine Notlage der 30er Jahre Arbeitslosigkeit durch Erlöschen der Glasöfen, Erliegen der Steinbrüche und Einstellen des Holzeinschlags im Bayerischen Wald brachte, setzte wiederum in den 70er Jahren der Strukturwandel in der *Landwirtschaft* Arbeitskräfte frei. Passau als Versorgungszentrum eines bedeutenden agrarischen

Umlandes stellt sich auf die neue Entwicklung ein. Im Erwerbsleben (Arbeitnehmer) stehen 27 100 der Stadtbewohner davon sind 60 in der Land- und Forstwirtschaft beschäftigt, 12 500 im Produzierenden Gewerbe, 5 500 im Handel und Verkehr und 9 000 im sonstigen Dienstleistungsbereich. Folgende Industrien sind zu finden: Maschinen- und Fahrzeugbau, Eisen- und metallverarbeitende Industrie, Elektrotechnik, Druckereien, Textil- und Bekleidung, Brauereien, Feinmechanik, Optik, Steine und Erden, Lebensmittel und Molkereien, Holzverarbeitung, Chemie, Gummiverarbeitung, Kunststoff und Papierverarbeitung. – Die Passauer Frühjahrsausstellung die nach dem Krieg entstand und 1985 zum 38. Mal stattfindet, lockt jedes Jahr etwa 80 000 Besucher an. Sie zeigt an zehn Tagen, was Industrie, Handwerk und landwirtschaftliche Genossenschaften zu bieten haben, und ist aus der in die Zukunft blickenden Handels- und Gewerbestadt nicht mehr wegzudenken.

Für den FREMDENVERKEHR ist Passau ein Ziel ersten Ranges. Seine 2 000 Gastbetten sind im Jahresdurchschnitt zu 36% belegt, wenn auch die Verweildauer der 130 000 Besucher nur 1,8 Tage beträgt. Leistungsfähige Gemeinden in der ständig besser aufgeschlossenen Umgebung verbuchen meist vierzehntägige Aufenthalte, darunter Ferien auf dem Bauernhof als eine beliebte und landangepaßte Urlaubsform. Stets war die Stadt stärker mit der Donauwaldseite als mit den Bauerntälern im Südwesten verbunden. Die Post, Bahn und Privatunternehmer unterhalten zahlreiche Buslinien mit gutem Anschluß auf österreichischem Boden. Sie werden im Sommer verstärkt und bis Cham und München fortgeführt, besonders aber zum "Wald", wie das bayerische Mittelgebirge genannt wird (vgl. Dreisessel S. 121). Neue Zentren und Formen entwickeln sich mit Hotels und Fremdenheimen im Vorfeld des Nationalparkes, wo aufstrebende Orte wie Tittling, Thurmansberg, Freyung und Grafenau sich anstrengen, den sich ständig verstärkenden Zustrom an lange, erholsame Urlaubszeiten zu gewöhnen. Der *Nationalpark Bayerischer Wald* (S. 122), dessen urwüchsige Wälder rd 70 km nördlich von Passau den Gebirgskamm an der Grenze zur Tschechoslowakei bedecken, zieht seit ein paar Jahren jährlich über eine Million Besucher an. Mit dem Bäderdreieck Bad Füssing, Griesbach und Birnbach hat sich in den letzten Jahren ein weiterer Fremdenverkehrsschwerpunkt in der Nähe Passaus herausgebildet.

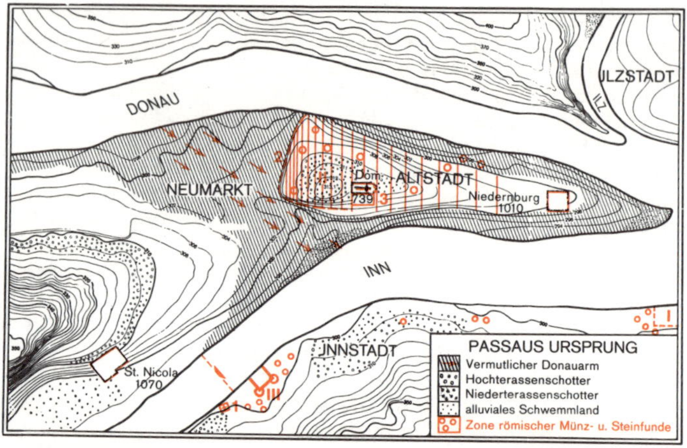

I. Römerlager CASTELLUM BOJODURUM, 1.–4. Jh.
II. Römerstadt BATAVĪS, 2.–5. Jh.
III. Römerfestung BOJOTRO, 4.–5. Jh.

1. Zelle des hl. Severinus um 440–72
2. Keltischer Wall, Römerwehr und spätere Stadtmauer
3. Frühchristlicher Bischofssitz 739

Stadtgeschichte

1.–5. JAHRHUNDERT. Passau zählt zu den ältesten Städten nördlich der Alpen. Es bestand schon ein keltischer Handelsplatz der Bojer auf der flutgeschützten Halbinsel, als die Römer ihren Grenzwall von der Nordsee bis zum Schwarzen Meer längs der Donau zogen (La Tène-Zeit). Der Inn trennte zollpflichtig die römischen Provinzen Norikum (Österreich) und Rätien (Süddeutschland). Ein größeres Wachkastell *Bojodurum* entstand südlich des Dreiflußecks in der Rosenau (80 n. Chr.). Später besetzte die neunte batavische Kohorte die befestigte Landzunge und gab der Stadt ihren Namen: *Batavis* = *Pazzawe* = *Passau* (Passavia; 140 n. Chr.). Die durch Brand untergegangene starke Römerfestung im Westen der Innenstadt (4. Jh. bis 472; *Bojodurum* II = CASTRUM BOJOTRO = *Beiderwies*) war der Stützpunkt des heiligen Severin, der die Bewohner rechtzeitig vor den andrängenden germanischen Stämmen der Thüringer in Sicherheit brachte (Abb.: 1).

6.–10. JAHRHUNDERT. Eine keltisch-romanisch-germanische Mischbevölkerung lebte in den folgenden Jahrhunderten unter der nach Osten gerichteten Landnahme der Bayern. Als Bonifatius von der römischen Kurie beauftragt wurde, Bayern ein festes kirchliches Gefüge zu geben, bestätigte er 739 den Passauer Bischof und leitete mit weiteren Bistumsgründungen die Besiedelung der niederbayerischen Gebirgswälder unter der landwirtschaftlichen und geistigen Führung der Klöster ein. Passau wurde Diözesanhauptstadt des größten deutschen Bistums für ein Jahrtausend. Unter Bischof Piligrim (971–991) – dem Bischof Pilgerin des Nibelungenliedes, um 1195 in Passau aufgezeichnet – ist das große Unternehmen der kommenden Jahrhunderte, die Christianisierung und Kolonisierung des Südostens, zu erkennen. Der ungarische König wurde nach dem Passauer Schutzheiligen Stephan getauft. Seine deutsche Gemahlin, Königin Gisela, Schwester Kaiser Heinrich II., kehrte als Äbtissin in das Kloster Niedernburg zurück (†1060). Der Wiener Stephansdom bleibt bis 1468 Passaus Tochterkirche. Die ungarische Stephanskrone wird eine Stütze der habsburgischen Macht in Europa (bis 1803/1918).

11.–15. JAHRHUNDERT. Der zunehmende europäische Warenverkehr, nicht zuletzt die Kreuzfahrer und ihre Versorgungstrosse auf den Straßen und dem Wasserweg, lassen die Stadt, die seit 999 im Besitz der Bischöfe ist, allmählich hervortreten. Im Kampf um die Platzherrschaft entschied Kaiser Friedrich II. gegen das Kloster Niedernburg als angestammten Besitzer des Abteilandes und machte als Stütze seiner Reichspolitik Bischof Ulrich II. zum reichsunmittelbaren Fürsten und Lehnsherrn des Ilzgaues. Das hatte die Errichtung einer fürstbischöflichen Trutzburg, der Veste Oberhaus auf dem

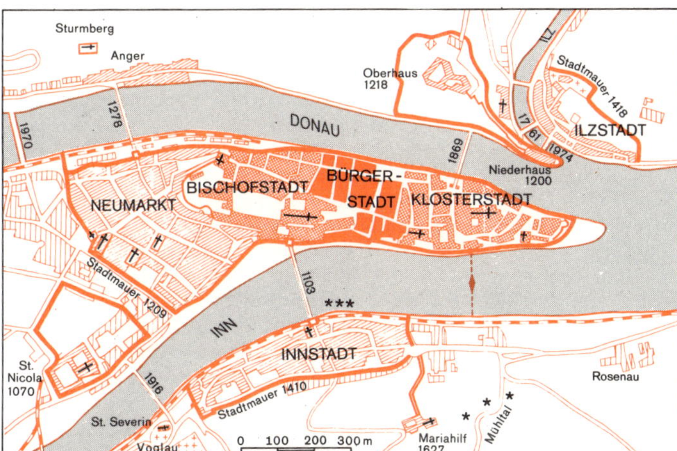

Georgsberg, zur Durchsetzung des bischöflichen Willens gegenüber der Stadt und allen ihren späteren gesellschaftlichen Veränderungen zur Folge. Vergebens versuchten die 35 Handwerkszünfte, die bedeutend gewordenen Messerer, Klingenschmiede, Leinenweber und Schiffsmeister, später die Schiffseigner und die Kaufmannschaft des aufsteigenden Bürgertums, eine eigene städtische Verwaltung und Gerichtsbarkeit aufzubauen. Es gelang ihnen weder, die Veste zu erstürmen (Besetzung der Burg Niederhaus), noch die Feldschlacht am Erlaubach zu gewinnen (1367). Schon 1209 ließ der Bischof die Altstadt und den Neumarkt, auch längs der Flußufer, ummauern. Die Innstadt erhielt ihre starke Befestigung 1410, die Ilzstadt bis 1418.

Die Bürger gaben den Traum der freien Reichsstadt auf. Sie fanden sich mit der bischöflichen Herrschaft ab und betrieben mit Fleiß den ständig wachsenden Handel. Jährlich wurde (E. 14. Jh.) ein Warenwert von 400000 Gulden umgeschlagen, als auf dem gesamten Mittelrhein höchstens 150000 Gulden aufkamen. Das Stapelrecht, nach dem kein fremdes Schiff Waren an Passau vorüberfahren durfte, und das notwendige Umladen vom Schiff oder Floß, die das Salz aus den Tiroler Bergwerken herbeibrachten, auf die Saumtiere zur Reise über den Goldenen Steig ins salzlose Böhmen, waren der wichtigste Erwerbszweig. Die Erzeugung und europaweite Ausfuhr der Passauer Tiegel und der Wolfsklingen, die der eingemarkte Wolf als Gütezeichen schützte, erbrachten weitere Reichtümer. Nun durfte die Stadt endlich in einem eigenen Rathaus mit Turm und Glocke ein Siegel führen (1362) – stand allerdings unter einem vom Bischof ernannten Richter. Das Siegel zeigt den heiligen Stephanus, den Patron des Domstifts, unter einem Baldachin, der unten mit dem Wolfsschild des Bischofs belegt war. Spätere Siegel aus dem 16. und 17. Jh. zeigen nur den roten Wolf nach dem Bischof Wolfger. Ihnen ist das heutige Stadtwappen nachgebildet (s. S. 17).

16.–18. JAHRHUNDERT. An den günstigen Verkehrswegen und der Orientierung zum offenen Osten, wo die Diözesangrenze in Ungarn lag, wurde das Hochstift Passau der Treffpunkt des humanistischen Lebens und der Wissenschaft (Bischof Wolfgang von Salm, 1540–1555). Der Kampf Karls V. gegen Frankreich fand nach monatelangen Verhandlungen am fürstbischöflichen Hof eine vorläufige Entscheidung, die den Augsburger Religionsfrieden vorzeichnete. Im 'Passauer Vertrag' vom 2. 8. 1552 handelte König Ferdinand dem Kurfürsten von Sachsen, dem Führer der gegen den Kaiser streitenden protestantischen Landesherren, den Rückzug von Frankreichs Seite gegen die vorläufige freie Religionsausübung ab. – Im Dreißigjährigen Krieg drangen die Bayern brandschatzenden Schweden nicht bis Passau vor; doch wurde die Stadt 1662 und 1680 von zwei verheerenden Bränden in Asche gelegt. Passaus Blüte und Bedeutung waren verloren, zumal die Ausdehnung der Türkenherrschaft bis vor

Wien und die Schiffahrt zur Neuen Welt die alten Handelswege nachteilig änderten. – Zum Wiederaufbau nach dem Brand riefen die Fürstbischöfe italienische Baumeister nach dem Vorbild Salzburgs zu Hilfe, die aus dem Intelvital bei Como stammten und in Genua und Rom ein lebhaftes, geistvoll durchdachtes Barock in einer einheitlichen Auffassung von Grundriß, Wandaufriß und Auszierung mit Stuck, Altären und Gemälden entwickelt hatten (Carlo Lurago, Giovanni Battista Carlone und viele andere). Durch sie erhielt Passau ein etwas seltsames, großartiges Gepräge.

In der reizvollen Fortsetzung der sehr starken Bautätigkeit ihrer Nachfolger erstanden prunkvolle Gebäude unter Wiener Einfluß im Stil des Rokoko und Frühklassizismus (Melchior Hefele in der Neuen Residenz, die Lustschlösser Thyrnau und Freudenhain, auch ein Theater und Landschaftsgärten der neuen Zeit 1786). – Der etwa 1 000 qkm große fürstbischöfliche Staat und seine 50 000 Bewohner waren im 18. Jh. zum Zankapfel zwischen Österreich und Bayern geworden, so daß er in den Erbfolgekriegen (spanischer 1701–04, österreichischer 1741–48)
nur Schäden und Einbußen erlitt. Am 31. 7. 1741 wurden Stadt und Festung überfallartig von den Bayern besetzt und kamen 1803 zum Kurfürstentum Bayern. Ein schwerer Schlag war es, daß Kaiser Joseph II. den geistlichen Machtbereich durch selbständige Diözesen in Linz, St. Pölten und Wien um zwei Drittel verkleinerte.

19. JAHRHUNDERT. Napoleons Feldzüge gegen Österreich 1805 und 1809 brachten General Mortier und später Napoleon in die Stadt, der sie zur Festung mit einem Waffenlager und 10 000 Mann Besatzung bestimmte. Zugunsten neuer Schanzen mußten die Höhen ringsum abgeholzt und viele Gebäude niedergelegt werden. Zwar kam es zu keiner Belagerung, aber dennoch ging die gesamte Innstadt in Flammen auf. – 1803 war durch die Säkularisation des Kircheneigentums die geistliche Herrschaft zu Ende. Landbesitz und Klöster, Kunstschätze und Bibliotheken wurden vom bayerischen Staat verkauft und gingen Passau verloren. Bischof Heinrich (1845–75) rettete mit einer oft einseitig als wahr verstandenen 'romanischen' Kunstauffassung Teile des reichen Erbes. Passau folgte indessen dem westlichen Industrialismus: 1837 legte das erste Dampfschiff an, 1852 erhielt es eine Telegrafenanstalt, 1860 bis 1900 fünf Eisenbahnlinien, 1900 den Winterhafen für die Donaufrachtschiffe. Als Grenzstadt nach Wien gewann es Ansehen und einen Ruf als Erholungsort durch die Kneippschen Bäder in Hals.

20. JAHRHUNDERT. Die Möglichkeit neuer Handelsbeziehungen nach Osten, als Österreich zum Reich kam und die Grenze fiel, wurde bald von der beginnenden Kriegswirtschaft überschattet. Den Zweiten Weltkrieg bekam Passau noch in den letzten drei Wochen unmittelbar zu spüren. Die amerikanischen Truppen rückten von Nor-

…nd beschossen, wo sich kleine Einheiten der Wehrmacht …n, Dörfer und Höfe mit Geschützen. Dabei brannte die Kir…n Hals nieder. Die nutzlose Sprengung der sieben Stadtbrücken …nten auch einige wagemutige Bürger nicht verhindern. Für die …Brückenstadt' war deren Wiederherstellung eine schwere Last, wenn man von der Sorge um genügend Arbeitsplätze für die Bewohner, vermehrt um Tausende von Heimatvertriebenen, absieht. Die 1970–75 erbaute neue Donaubrücke, die zweite Ilzbrücke und die weitreichende Ufererneuerung in einem großzügigen Gesamtbauwerk darf als ein weiterer Meilenstein in der Geschichte der zweitausendjährigen Stadt gelten. Weitere wirtschaftliche und kulturelle Impulse erhofft sich die Stadt nach der Gründung einer Universität 1978 für etwa 4 000 Studierende.

Bedeutende Passauer

Unsere Liste enthält eine Auswahl bedeutender Persönlichkeiten, deren Leben in ausschlaggebender Weise mit Passau verknüpft ist. Geburts- und Todesort sind Passau, soweit nicht anders vermerkt.

Severinus († 8. 1. 482 in Mautern NÖ.), lateinischer Mönch und Apostel von Norikum zur Zeit des hl. Valentin, des ersten Bischofs in Passau. Furchtloser Unterhändler bei den germanischen Stämmen, Leiter des Rückzugs der keltoromanischen Bevölkerung unter dem Schutz der römischen Militärmacht.

Piligrim (* um 935 in Allershausen, † 991) Bischof von Passau 971–91, bedeutender Staatsmann. Er versuchte, das Bistum um den ungarischen und mährischen Raum zu erweitern ('Lorcher Fälschungen'); der 'Bischof Pilgerin' des Nibelungenliedes.

Gisela von Ungarn (* um 985 in Regensburg, † um 1060), Tochter des Herzogs Heinrich des Zänkers von Bayern, 1003 vermählt mit König Stephan I. von Ungarn, 'königliche Missionarin' dieses Landes; nach Stephans Tod Äbtissin der Reichsabtei Niedernburg in Passau um 1043. Als Heilige verehrt, jedoch nicht kanonisiert.

Altmann (* um 1015 in Westfalen, † 1091 in Zeiselmauer NÖ), Bischof von Passau 1065, vorher Domprobst in Aachen, Gründer der Klöster St. Nikola und Göttweig (NÖ.). Energischer Kämpfer auf seiten des Papstes Gregor VII. im Investitur- und Zölibatstreit. Stirbt, vertrieben, in der passauischen Pfalz Zeiselmauer (NÖ.). Heiliggesprochen.

Wolfger von Erla (* 1136 in Erla NÖ, † 1218 in Aquilea). An seinem Passauer Bischofshof (1191–1204) wurde um 1195 das Nibelungenlied aufgezeichnet, 1203 erscheint urkundlich in seinem Gefolge der Sänger Walther von der Vogelweide.

Otto von Passau (* um 1330, † 1380 in Luzern), Franziskanermönch. Lektor in Basel und Visitator in der Schweiz. Bedeutender Mystiker, Verfasser des Buches 'Die vierundzwanzig Alten oder der gulden Thron', eine der vorzüglichsten asketischen Schriften des Spätmittelalters.

Georg von Hohenlohe (* um 1365 in Weikersheim, † 1423 in Gran-Esztergom), Fürstbischof 1388–1423 und Kardinal, Kanzler Kaiser Sigismunds, maßgeblicher Politiker am Konzil von Konstanz; seit 1421 Erzbischof-Administrator von Gran und Primas von Ungarn. Bauherr des spätgotischen Domchores.

Rueland Frueauf d. Ä. (* um 1440 in Salzburg, † 1507), bedeutender Maler der voralpenländischen Spätgotik. In seiner Passauer Werkstatt waren Lukas Cranach und Jörg Breu tätig. Sie wurde 1505 von seinem Sohn *R. F. d. J.* (1470–nach 1545) fortgeführt.

Jacob Ziegler (* 1470 in Landau a.d. Isar, † 1549), Mathematiker, Astronom, Geograph und Polyhistor, lehrte an angesehenen europäischen Universitäten und gehörte von 1543 an zum humanistischen Hofkreis des Fürstbischofs Wolfgang von Salm in Passau.

Wolf Huber (* um 1485 in Feldkirch/Vorarlberg, † 1553), neben Albrecht Altdorfer Hauptmeister der 'Donauschule'; seit 1515 in Passau ansässig, fürstbischöflicher Hofmaler und Stadtbaumeister, wichtig als Graphiker.

Leonhard Paminger (* 1495 in Aschach OÖ, † 1567), Komponist und humanistischer Schriftsteller, wurde 1516 Rektor der Klosterschule von St. Nikola.

Neben seinen vierbändigen 'Cantiones ecclesiasticae' schrieb er antikisierende Komödien und übersetzte Plautus und Terenz. Zum Protestantismus übergetreten, wurde er ein Freund Martin Luthers, der ihm 1528 eine Schrift widmete.

Leopold Wilhelm, Erzherzog von Österreich (* 1614 in Wiener Neustadt, † 1662 in Laibach), Fürstbischof, kaiserlicher Generalissimus im 30jährigen Krieg, Generalstatthalter der Niederlande, Begründer der Gemäldegalerien in der Wiener Hofburg.

Carlo Lurago (*1615 in Pellio im Intelvital, Prov. Como, †1684), Architekt und Baumeister, bedeutsam für die Entwicklung des Prager Barock. 1668 nach Passau als Dombaumeister berufen zum Wiederaufbau der niedergebrannten Kathedralkirche: größtes und wichtigstes Beispiel einer italienischen Barockkirche auf deutschem Boden.

Carlo Antonio Carlone (*um 1635 in Scaria im Intelvital, Prov. Como, † 1708), Architekt, richtungweisend für die folgende Generation österreichischer Barockbaumeister; Erbauer der Jesuitenkirche in Passau, der Klöster St. Florian, Garsten und Lambach.

Philipp Wilhelm Frhr. von Hörnick (* 1640 in Frankfurt a.M., † 1714), Nationalökonom und Geschichtsschreiber, trat 1690 in den Dienst des Kardinal-Fürstbischofs Johann Philipp von Lamberg, des Vertreters des Kaisers auf dem Regensburger Reichstag. Führender Theoretiker des deutschen Merkantilismus und Urheber der österreichischen Staatswirtschaftspolitik.

Johann Georg Muffat (* 1655 in Mégève in Savoyen, † 1704), Komponist, Schüler Lullys, Domorganist, 1690 Hofkapellmeister. Größter süddeutscher Orgelmeister des 17. Jahrhunderts.

Joseph Mathias Götz (* 1696 in Bamberg, † 1760 in München), 1715–1742 Bildhauer und Ingenieur in Passau – St. Nikola. Bedeutende Kirchenausstattungen in Aldersbach, Stadl-Paura, Zwettl, Krems, Maria-Taferl, Straubing.

Joseph Friebert (*1724 in Gnadendorf a.d. Zaya, †1799), Komponist, Freund Joseph Haydns, 1763 als fürstbischöflicher Hofkapellmeister nach Passau berufen, komponierte Opern, Singspiele und Oratorien; Passionsmusik 'Die sieben Worte...', gemeinsam mit Haydn.

Franz von Paula von Schrank (*1747 in Vornbach am Inn, †1835 in München), Passauer Jesuitenschüler, Begründer des Botanischen Gartens in München, Professor der Landwirtschaft an der Universität Ingolstadt–Landshut–München. Verfasser großer botanischer Werke.

Ignaz von Rudhart (* 1790 in Weißmain, † 1838 in Triest), liberaler bayerischer Politiker und Verfassungsrechtler, bis 1836 Regierungspräsident des Unterdonaukreises in Passau, dann Ministerpräsident von Griechenland in Athen unter König Otto von Wittelsbach.

Friedrich Pustet, (* 1798 im Hals, † 1882 in Regensburg), Verlagsbuchhändler und Begründer des weltbekannten Pustetverlages in Regensburg.

Gustav Wilhelm Kraus (* 1804, † 1852 in München), hervorragender Lithograph und Zeichner, der 'Bildberichterstatter der Biedermeierzeit'.

Ferdinand Wagner (* 1847, † 1927 in München), Historienmaler, viel beschäftigt als Fassadenfreskant, Innenraumgestalter und Monumentalmaler, Werke in München, Hamburg (Neues Rathaus), Passau, Innsbruck, Mühlhausen im Elsaß, London, Leningrad, New York und St. Louis.

Seraph Ritter von Pichler (* 1852 in Asenham im Rottal, † 1927), Domprobst und katholischer Politiker, Reichstags- und bayerischer Landtagsabgeordneter (1893–1918), Mitglied des bayerischen 'Eisenbahnrates'. Er wurde als der 'ungekrönte König von Bayern' bezeichnet.

Erhard Kutschenreuter (* 1873, † 1946 in Landshut), Komponist und Lehrer, schrieb eine Vielzahl volkstümlicher, bayerischer Tanzweisen und Märsche. Berühmtheit erlangte sein niederbayerisches Singspiel 'Der Holledauer Fidel', das seit seiner Uraufführung im April 1920 in Passau 5 000 mal gespielt wurde.

Hans Carossa (* 1878 in Bad Tölz, † 1956), Dichter und Arzt. Sein dichterisches Werk trägt autobiographische Züge, geprägt von einem humanitären Arzttum einer an Antike und Christentum anknüpfenden Weltfrömmigkeit.

Franz Xaver Eggersdorfer (* 1879 in Pörndorf, † 1958), katholischer Pädagoge, Hochschulprofessor und Domdekan; von seinen 166 Publikationen erlangte vor allem die 'Allgemeine Erziehungslehre' (1928) Bedeutung.

Heinrich Lautensack (* 1881 in Vilshofen, † 1919 in Berlin), Schriftsteller, aufgewachsen in Passau, wohin er immer wieder zurückkehrte. Mitbegründer der 'Elf Scharfrichter' in München. Aufsehen erregten seine Bühnenstücke 'Pfarrhauskomödie' und 'Hahnenkampf'.

Ludwig Schmidseder (* 1904, † 1971 in München), Komponist, schrieb zahlreiche Operetten, über 500 Lieder und die Musik zu 34 Filmen.

Der Passauer Tölpel
(s. S. 79)

Ich bin der Tölpel hübsch und fein,
In Passau bin ich nicht allein,
Werd ausgeschickt in alle Land,
Darum bin ich so wohl bekannt.

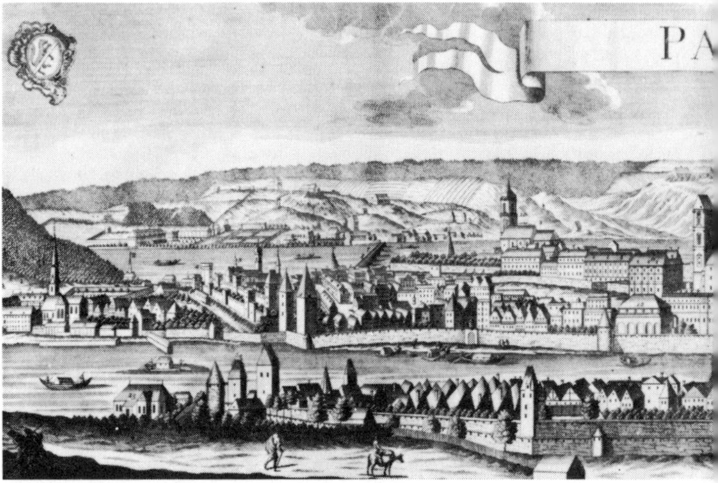

Stadtansicht von Passau von F. B. Werner und

III. STADTBESCHREIBUNG

Passaus Lage auf einem Landkeil zwischen zwei tief eingeschnittenen Flüssen, denen noch ein dritter zufließt, ließ eine mittelalterliche Stadt entstehen, die sechs Uferbereiche aufweist. Von der Feste Oberhaus auf dem Georgsberg sieht man aus der Vogelschau auf die langgestreckte Halbinsel, auf der sich auf hohem Felsen der Dom erhebt. Aus dem gotischen Gassennetz ragen die im 17. Jh. neu errichteten barocken Hausfronten heraus. Das Donauufer beherrscht hinter einem weiten Platz der markante Turm des Rathauses. Von der begrünten Landspitze im Osten bis zum Domplatz, wo die Stadt erst 300 m breit ist, sind es 1 000 m. In dem alten sog. Neumarkt setzt sich die mittelalterliche Straßenordnung noch 400 m weiter nach Westen fort bis zu einer Linie, die bis 1803 von der bayerischen Staatsgrenze gebildet wurde; erst von dort an wird die Halbinsel breit. Seit alters her verbinden Brücken die Landzunge mit der Innstadt im Süden, der Siedlung Anger am Donaunordufer und dieses mit der Ilzstadt jenseits der Ilz.

Eigentliche Vorstädte bildeten sich im 20. Jh. auf der Höhe des Spitzberges im Westen und in schmalen Streifen längs der Flußufer. Heute zählen ältere Gemeinden neben jüngst in Reihen und Blöcken

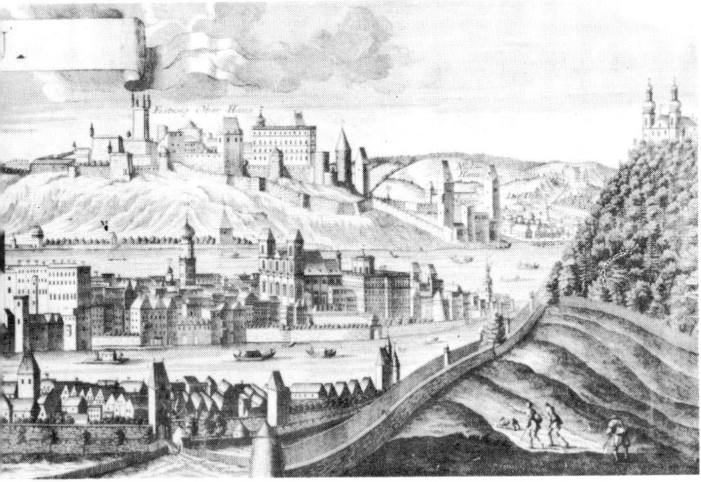

M. Engelbrecht, gestochen in Augsburg um 1740

entworfenen Bebauungen als die neuen Stadtteile: im Westen *Haidenhof, Apfelkoch, Auerbach;* entfernter *Kohlbruck Rittsteig, Neustift, Heining, Schalding;* nördlich *Hacklberg, Maierhof, Ries; Hals, Grubweg, Lindau;* überm Inn südlich und nach Osten *Voglau, Beiderwies, Rosenau, Haibach*.

A. NEUMARKT

Der alte Passauer Stadtteil Neumarkt, von der höher gelegenen Altstadt durch zwei Stadttore getrennt, entwickelte sich seit Mitte des 13. Jh. innerhalb eines stark bewehrten Mauerbereichs. Er gliederte sich in den eigentlichen Neumarkt, d.i. die heutige *Ludwigstraße* als Hauptgeschäftsbereich und der *Ludwigsplatz* als Verkehrsverteiler, sowie vier Viertel: das *Heiliggeistviertel* zwischen Ludwigstraße und Inn; das *Donauviertel* zwischen Ludwigstraße und Donau; das *Nikolaiviertel* am Fuß des Spitzbergs im Südwesten; das *Bahnhofsviertel* im Westen. Die beiden letzteren – außerhalb der ehem. Stadtmauer gelegen – gehören stadtgeschichtlich nicht zum überlieferten Neumarkt.

1. Ludwigsplatz und Ludwigstraße

Der Ludwigsplatz, nach König Ludwig I. benannt, bildet das Zentrum des nach Westen auseinanderlaufenden Stadtgebietes. Das im 19. Jh. nach und nach abgetragene Burgtor in der mit Türmen bewehrten Mauer von der Donau zum Inn wich einer fünfarmigen, ampelbestückten Kreuzung, worüber alles läuft oder rollt, was sich in

Anschluß siehe S. 2/3

Anschluß siehe S. 2/3

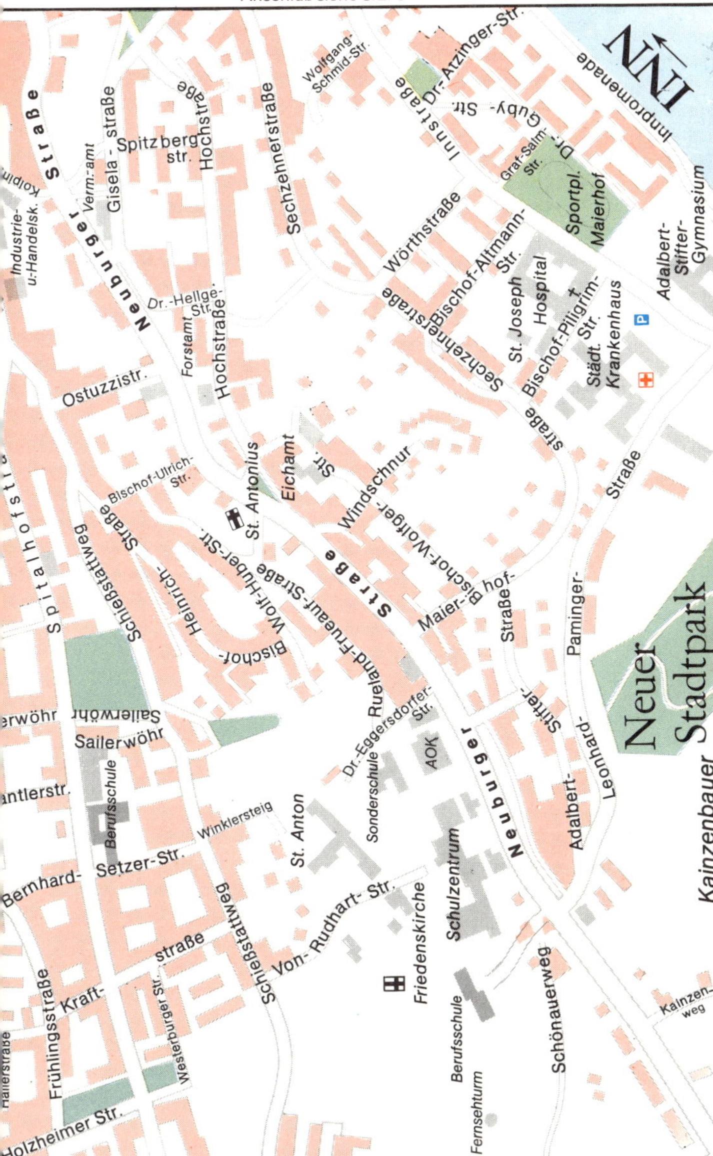

ATLASCO Kartographischer Verlag Reif KG 6072 Dreieichenhain

Passau bewegt oder es auf einer Reise durchquert. Die Ludwigstraße wurde zur Fußgängerzone erklärt. Vom Westen führt die Bahnhofstraße her, zum Norden die Frauengasse auf die Donaubrücke. Sie nehmen in ihrem rechtsläufigen Kreisverkehr fünf Bundesstraßen auf: die B8 längs der Donau von Regensburg, die B85/22 von Bayreuth, die B 12 und B388 von der österreichischen Grenze im Bayerwald; vom Spitzberg herabkommend mündet die B12 von München als Neuburger Straße an der *Bayerischen Vereinsbank* ein. Die Nikolastraße führt vom Platz nach Süden zur Innbrücke längs der *Volksbank* und der gut gestalteten *Sparkasse Passau* (1970; Hofmeister). An den Biergarten grenzt der Pavillon der *ADAC-Geschäftsstelle* mit Reisediensten besonders für den Bayerwald und Österreich; hingegen findet man den Pavillon des *Städtischen Verkehrsvereins* und des *Amtlichen Bayerischen Reisebüros* ein wenig aufwärts vor der Nibelungenhalle.

Den durch Gefälle und uneinheitliche Häuserfronten nicht gerade gefälligen Platz ergänzt seit 1970 eine großzügige Donaubrückenauffahrt (vgl. S. 41). Ihre rechte Seite schließt ein kubisches Bürohaus ab. Lokal *Le Bistro* an der Straßenunterführung. Das der Linkskurve angepaßte *Donaucenter* (1974) enthält Arztpraxen. Gegenüber steht noch das erste Haus am Schanzlweg von 1896, und wo die Fußgängerunterführung in die Bahnhofstraße aufsteigt, blickte einst der Arzt und Schriftsteller Hans Carossa (†1956) aus seiner Praxis. Der Schanzlturm (S. 41) bildet den Eckpfeiler der sechsspurigen Brückenanlage. Der abends angestrahlte *Schanzlbrunnen* kann bis zu einer Höhe von 11 m aufspringen.

In der L u d w i g s t r a ß e führen gleich anfangs rechts Stufen durch den *Zwinger* in den Hof der **Sparkasse** mit einem *Kugelbrunnen* (1970; L. Hafner), der gern als 'Passauer Knödel' bezeichnet wird. Das für Passau wichtige Geldinstitut ist mit seinen Zweigstellen in Niederbayern die neuntgrößte Sparkasse im Land Bayern. Im Zwinger befindet sich die *Kath. Zentralbücherei* der Diözese Passau (30 000 Bde; 10 Zweigstellen).

Aus dem Klostergeviert des 1564 nach Passau gerufenen Franziskanerordens tritt die ehemalige Laienkirche, ein einschiffiger barocker Hallenbau von 1612, heraus. Sie wurde 50 Jahre nach der Aufhebung des Klosters im neoromanischen Stil wiederhergestellt und als marianische **Votivkirche** 1857 von Bischof Heinrich dem neu verkündeten Dogma von der Unbefleckten Empfängnis geweiht. Das 1965 um zwei Joche verkürzte Innere der Kirche zeigt Marienbilder: an der Altarwand ein lebensgroßes vergoldetes Bildwerk *Maria auf der Weltkugel* (um 1850), ein *Mariengemälde* (17. Jh.) und ein figurenreiches Hochrelief aus Holz, *Marientod,* ein spätgotisches Werk, kurz nach 1500 entstanden. Außen neben einer steinernen Maria Tafeln zur Geschichte der Kirche.

Mit den Gasthöfen *Zum Weißen Hasen* und *Zum Schwarzen Ochsen* beginnt die platzartige Geschäftsstraße. Der Hasen und Ochsen gibt es mehrere, graue und goldene; denn Wappentiere wie Adler und Löwe waren als Wirtshausschilder nicht erlaubt. Das erstgenannte Hotel ist der beste Treffpunkt mit Fremden (Sitzungszimmer), in dem anderen tagen gern die das Brauchtum pflegenden Heimatvereine. Den üblichen niederbayerischen Straßenmarkt erlaubte die Landenge nicht, auch sind die großen alten Häuser nur teilweise bewahrt. Einige Kriegszerstörungen gaben den Vorwand für Betonguß, und beiderseits wurden die Erdgeschosse in Schaufenster aufgelöst, die das Bild der modernen Einkaufsstraße mit ihren zerstückelnden Werbeflächen schaffen. Allein an den Dachfirsten entlang ist der geschlossene Markt noch vorstellbar. Das schmale *Café Hoft* ist ein beliebter Einkaufstreffpunkt.

In altbayerischen Städten siedelten die wichtigsten Zunfthandwerker am Markt in Häusern mit gotischen Treppengiebeln. In Passau wurden die Satteldächer durch Blendmauern nach italienischem Formbewußtsein waagrecht verbunden. Im übrigen sind die alten Gildenhäuser durch Einkaufshallen, Kettenläden und Imbißstätten wie Fischküche und Würstlkeller ersetzt. Zwei Werkzeug- und Haushaltgeschäfte sind wichtig für das bäuerlich und handwerklich bestimmte Umland. Haus *Nr. 6* ist noch ein Beispiel aus der Rokokozeit. Den Giebel *Nr. 14* krönt eine Glücksgöttin, 1929 in Bronze gegossen. *Nr. 2* versuchte es 1914 mit einer klassizistischen Fassade. Im Schalterraum der *Sparkasse* (Nr. 8) ist auf einem Wandbild (1965; O. Zieske) dargestellt, wie der Handelsfleiß des Stadtvolkes durch das Umschlagen der Waren vom Flußkahn auf Maultiere dem Reichtum und Glanz der Domherrschaft diente. Im Hauseck der *Commerzbank* (Nr. 13) steht eine alte Madonnenfigur auf der Mondsichel (nach Dürer).

Wandbild in der Sparkasse

In den rechtwinklig abzweigenden Gassen setzten sich die Wohnungen und Werkstätten der Zunfthandwerker fort. Der heute dort vorherrschende Einzelhandel, zumeist im Besitz der zweiten oder dritten Generation, folgt der Überlieferung. Innwärts erstrecken sich bis zum Theater hin in drei Gassen z.T. Geschäfte des gehobenen Bedarfs. So in der Heiliggeistgasse, der Theresienstraße (nach Ludwig I. Gemahlin benannt), ehemals Klingergasse, wo bis zum 17. Jh. die weltberühmten Passauer Klingenschmiede saßen, und der Grabengasse – dem Bezirk der reichen Loderer, d.h. der Tucher, Weber, Färber, Scherer und Manger (= Glätter). Abschnitte der beiden letztgenannten Straßen wurden zur Fußgängerzone erklärt. Zur Donau hin wohnen in der Brunn-, Klinger-, Witt- und Nagelschmiedgasse die bis heute noch handwerklich betonten Verkaufszweige.

Die Ludwigstraße ist heute wie im Mittelalter der einzige Straßenzug, der die Stadt vom Westen her bis zum Ort erschließt. Der Verkehr von der Donaubrücke her wurde nicht durch die Wittgasse (= Holzgasse), die dann nach 1823 die alte Maxbrücke bediente, sondern 'kaufmännisch' über den Rindermarkt auf die 'Landstraße' geleitet. Die Krümmung im Heuwinkel folgt dem Domfelsen. Bei der Anlage des Fußgängerbereiches (seit 1973) wurde eine hier angeschlagene Quelle in einem runden beleuchteten Brunnenschacht gefaßt.

2. Heiliggeistviertel

In der Heiliggeistgasse bilden das ehemalige Franziskanerkloster von 1588 (Nr. 14) und die Fachoberschule einen Häuserblock bis zum alten Zeughaus am Schießgraben. Außer der Votivkirche (s. oben) sind hier zwei weitere Kirchlein sehenswert. Die Franziskaner mauerten ihre erste Kirche, die spätere **St.-Anna-Kapelle,** noch mit einem starken Netzrippengewölbe. Ihren gotischen *Kreuzgang* versah der italienische Baumeister bereits mit Renaissancerahmen (Giovanni Spazzi, auch Hans Spaz d.J. genannt, aus dem Intelvital bei Como), bevor er die Laienkirche des Ordens an der Ludwigstraße barock gestaltete. Kapelle und Kreuzgang 1803 profaniert und im 19. Jh. als Lagerhaus und Wannenbad genutzt, erstanden 1973 neu als Ausstellungsraum für den *Passauer Kunstverein.* Wertvolle Deckenfresken der ersten Bauzeit wurden dabei freigelegt. Der Grundbesitz wird von der Heiliggeiststiftung verwaltet.

Das 1356 vom Passauer Münzmeister Urban Gundacker gegründete Bürgerhospital weist als Anziehungspunkt die heimeligen Stuben der *Heiliggeistschenke* auf. In der 'Bischofsstube' und dem urigen 'Stiftskeller' werden eigene Weine aus der Wachau angeboten. Durch das offene Tor gelangt man zur Handwerkskammer Niederbayern und Oberpfalz und in das Nikolaviertel (S. 44).

In die **Spitalkirche zum Hl. Geist,** eingerückt in einem Gebäudewinkel neben der Annakapelle, führen drei Stufen hinab, da das Straßenniveau im Laufe der bewegten Stadtgeschichte um einiges erhöht wurde. Der zentral wirkende gotische Kirchenraum besteht aus einem südlichen Schiff mit drei Kreuzrippengewölben (1442), an das ein zweites angefügt wurde. Da sich aber nördlich ein kleiner Chor öffnet und die südlich erhaltene Empore wie über einen Querraum verläuft, verdeutlicht sich erst langsam der Raum. Gotische und Renaissance-Grabsteine bürgerlicher Familien, erneuertes Maßwerk und Bildschmuck einen das Ganze. Die Originale der *Glasfenster* der Messerschmiede (1513) befinden sich im Oberhausmuseum; die *Kreuzigung* über der Tür stammt vom Ende des 15. Jh., die *Kreuztragung* aus Marmor an einem Pfeiler von etwa 1420. Die drei *Altarbilder* schuf Franz Spann, und die Kreuzwegstationen stammen von Grete Fuchs aus Passau (1951, 1974).

Die **Staatl. Fachoberschule** (Nr. 10), ein Kastenbau mit gewölbten Treppenhäusern aus dem späten 18. Jh., führt rd 400 Schüler der Technik, Wirtschaft und Sozialarbeit, im neuen Sekundarbereich II, zur Aufnahme in die Fachhochschulen. Das Haus wurde 1978 mit einem neuen hohen Dachstuhl gekrönt. Von 1775–1929 diente der Bau von Melchior Hefele und Joh. Nep. Philipp als Allgemeines Krankenhaus.

Das **Zeughaus** (Nr. 12), ein langgestreckter, einstöckiger Bau von 1425, hat sein steiles Dach und die alten gotischen Treppengiebel bewahrt. Darin lagerte die Bürgerwehr ihre Armbrüste, später ihr Schießgewehr – nahe dem angrenzenden 'Schießgraben'. Heute nutzen Jugendgruppen das alte Gebäude, und ein Jugendzentrum ist in dem sog. Rot-Kreuz-Haus untergebracht.

Gegenüber schmückt ein Wappenstein die *Fürstbischöfl. Wagenburg* (Nr. 11), die bis 1782 in Gebrauch war. Im Hausflur ein farbiges Stuckwappen des Fürstbischofs Johann Philipp v. Lamberg (um 1700). Zugang durchs Büro der *BayWa.* Vor dem Innufer am kleinen Karolinenplatz unterhält neben einer Grund- und Hauptschule die *Donaukraftwerk Jochenstein AG* ihre Büros. Das gußeiserne *Denkmal* davor, mit Tafeln und acht zierlichen Engeln um eine 100jährige Linde, gedenkt der Gefallenen des IX. Jägerbataillons im Krieg 1870/71. Am Sand hatte die Stadtmauer zwei Inntörchen, das Bader- und Färbertörl, und in der SW-Ecke das 'verlorene Törl', das zum St. Nikolakloster hinüberführte.

An der Theresienstraße erhielt die ev.-lutherische Gemeinde 1859 ihre erste Kirche, finanziell und diplomatisch unterstützt vom preußischen König. Diese neugotische **Stadtpfarrkirche** besitzt im großräumig wirkenden Inneren eine Gedenktafel für Leonhard Kaiser, der als Lutheraner im 16. Jh. auf einer Inninsel verbrannt wurde. 1834 wurde der erste evangelische Gottesdienst in Passau abgehalten. 1939 zählte man knapp 1 000 Gemeindemitglieder, nach dem Flüchtlingszustrom 1946 aus Schlesien und dem Balkan sind es heute 5 000 mit noch drei weiteren Kirchen: St. Johannes in Grubweg (1957), der Friedenskirche in Haitzing (1963), der Versöhnungskirche in Neustift (1969). In Nr. 8 *Café Haslbauer* im 1. Stock.

Die weitere linke Straßenseite läßt die Mischung einer einheimischen spätgotischen mit einer barock-italienischen Baugesinnung erkennen. Das ‘Innviertelhaus’, auch aus der bekannten geistigen Verwandtschaft Passaus mit Salzburg, Brixen und Trient in Südtirol entstanden, steht auf gewinkelten, niedrigen, noch in Kreuzmauerung überwölbten Eingängen, verbirgt aber seine Satteldächer hinter hochgezogenen Stirnmauern und waagrechten Dachgesimsen. Die Häuser *Nr. 22* und *24* besitzen klassizistische Fassaden von etwa 1785, den Eingang *Nr. 18* zur Strafvollzugsanstalt ziert eine große Wappenkartusche. Schießgrabengasse, Hennengasse und Bankgäßchen sind schwer entdeckbare, südlich anmutende Durchlässe zu den Nachbarstraßen. Die Quergassen Unterer und Oberer Sand ruhen in der Tat auf Innkies und beherbergen in den alten Gewölben Handwerk und Gewerbe sowie kleine Läden.

Die abgeknickte Grabengasse folgt von der Ludwigstraße an dem Domfelsen, den einst ein Wassergraben umgab. Als tiefster Weg zwischen Donau und Inn stellte er letzmalig bei großen Hochwassern eine durchgehende Wasserverbindung zwischen den beiden Strömen her. Heute schauen aus den schmalen Läden, Kramergewölben und Fenstern der Einzelhandelsgeschäfte Waren aller Art heraus. Haus Nr. 1 trägt eine *Gedenktafel* für den Maler der Donauschule Wolf Huber, der im 16. Jh. hier wohnte. Hinter dem Konditoreicafé *Torten-König* (Nr. 25) führt ein Fußweg (Carlonegasse) an den Grundmauern der Seminarkirche zum Domplatz empor und gibt einen Blick auf die Dächer frei; halbwegs Nr. 1 eine Inschrift für den Vornbacher Hof (1288–1850). Schöner Blick hinüber zur Innstadt.

Zu Füßen, an der Innstraße, liegen drei wichtige Kultureinrichtungen Passaus: das *Lichtspielhaus,* das *Theater,* das von dem ‘Südostbayerischen Städtebundtheater’ regelmäßig bespielt wird, und die städt. *Europabücherei,* die 40 000 Bände, z.T. aus Beständen des ehem. amerikanischen Informationszentrums (USIS), neuere Literatur, überregionale Tageszeitungen und eine Schallplattensammlung mit Abhörkabine zur Verfügung stellt. Gegenüber in der Innpromenade steht eine neugotische Steinsäule, das *Rudhartdenkmal* (1844), für den Mitbegründer der Hochschule (1833), der 1836/37 unter dem Griechenkönig Otto, dem Bruder des Bayernkönigs Ludwig I., griechischer Ministerpräsident war.

3. Donauviertel

Dem Donauviertel des Neumarktes fehlt an der Stromseite ein Gesicht, denn an der Uferfront waren ursprünglich alle Hauslücken vermauert, um Hochwasser und Feinde auszuschließen. Nach dem Schanzl- oder Jägertörl gab es erst am Fischmarkt, dem heutigen Rathausplatz, wieder einen Einlaß in die Stadt. Der Plan einer Uferpromenade um die Ortsspitze scheiterte im 18. Jh. am Einspruch der Fischer. Erst 1973 mauerte man die Donaulände als Kai auf, verbreiterte und bepflanzte sie. Die einmündenden Gassen mußten ihre enge Fahrt behalten. Zwei bedienen in mühsamem Einbahnverkehr die östliche Auffahrt der Schanzlbrücke und den 700 m langen Parkplatz unter den Südrampen mit 1500 Stellplätzen, die an Werktagen meist vom Berufsverkehr besetzt sind.

Wo die Burgtormauer an die Donau stieß, gab eine Befestigung (1551) Flankenschutz, deren Namen nun in der Schanzlbrücke fortlebt. 1973 wuchs der **Schanzlturm** als ein beabsichtigtes 'Wahrzeichen' am Eingang der alten Stadt empor. Das mit Kupfer gedeckte Walmdach ist nicht zu hoch, macht den Turm wuchtig genug, der eintönigen Brücke einen Halt zu geben. Eine *Betonplastik* (L. Hafner) deutet die barocke Linienführung der Volute an, wie wir sie auf der Domfassade sehen.

Die neue **Schanzlbrücke,** mit ihren aufgeständerten Zufahrten und die neuen Kaimauern gerieten zu einem stadtbeherrschenden Betonbauwerk. Die ziemlich flache, aufbaulose Deckbrücke besitzt eine eigene Bauhöhe von 3,3 m, 20 m über dem Mittelwasserspiegel, 250 m lang und 37,5 m breit. Sie hat zwischen den außengelegenen Fußwegen acht Fahr- und in jeder Richtung zwei Abbiegespuren und hat 41 Mio. DM gekostet. Im Oktober 1970 wurde sie nach dreijähriger Bauzeit eröffnet; der vollendete Ausbau aller Zufahrtstraßen macht sie, aus Platzmangel 'über der Donau', zu dem gewünschten Knotenpunkt für Pendler- und Durchgangsverkehr. Eine Pfeilerweite von 150 m erlaubt wie früher den Schleppkähnen und Schiffen, gefahrlos zu wenden.

Die Donaubrücke, die die Halbinsel vom Neumarkt aus mit dem Nordufer verband, rückte zweimal stromauf. Die noch auf Abents Kupferstich (1576) erkennbare Holzkonstruktion stammte von 1278 und lag bei der Peschlbrauerei an der Roßtränke. Sie war 177 m lang, für zwei Wagen breit, eine Nepomukstatue zeigte die bequemste Durchfahrt an. Das reiche Johanneshospital hatte für ihre Erhaltung zu sorgen. Fünfeinhalb Jahrhunderte überstand sie häufige Beschädigungen durch Hochwasser, Eisgang und auch Feuer. Den Übergang zu verbessern, wurde 1817 die erste steinerne Brücke 100 m stromauf im Zug der Wittgasse über den Strom geschlagen und 1823 als 'Maxbrücke' dem Verkehr übergeben. Sie wurde 1903 angehoben, ihr Mittelpfeiler entfernt, 1948 nach der Sprengung noch einmal wiederhergestellt, aber 1972 schließlich abgebrochen.

Die Treppen am Schanzlturm und ein Fahrstuhl im Bürohaus (zweistöckige Apotheke) führen zu einer Reihe von Gastwirtschaften, die sich im Bratfischwinkel, in der Roßtränke und, östlich vom Rindermarkt, in der Höllgasse längs der alten Donaulände befinden, auf Fischerkneipen und Schifferherbergen zurückgehend. Das letzte Jahrzehnt räumte unter ihnen auf: die Gewölbe am Schanzl sind einem Kaufhaus preisgegeben (1980), ein altes Zollamt wich einem gut gelungenen Bau an der Roßtränke Nr. 8, dem **Haus der Donauschiffahrt** (1973), in dem der *Bayerische Lloyd* (Regensburg) und sechs ausländische Schiffahrtsunternehmen vertreten sind. Gegenüber am *Peschl-Bräuhaus* zwei Flutmarken von 1501 und 1954. Zum Barockpalast mit Arkadenhof und Wappen weiteten die Eigentümer (Familie v. Moosholzer, 1574–1725) die **Peschl-Bräu-Gaststätten,** eine der fünf noch heute tätigen Passauer Bierbrauereien (vgl. S. 22), die in der Auerspergstraße (Grünau) Bräuhaus, Felsenkeller und Schankgarten unterhält. Die seit 1259 belegte bischöfliche Lehnsbrauerei, seit 1855 in den Händen der Familie Peschl, zeigt in ihrer Geschichte, wie Brau- und Brennrechte huldvollst vergeben, Malz- und Mehlmühlen mit dem Gewerbe verkoppelt und den Besitzern Ehrenstellungen in der Stadt vorbehalten waren. Zur Mai- und Herbstdult, altüberlieferten Bierfesten, stellt die Brauerei E. F. Peschl alljährlich ihr Festzelt auf.

Von der östlichen Brückenabfahrt bis zum Kettensteg wurde die Donaulände zur Fritz-Schäffer-Promenade, Passaus prächtigster Schauseite, ausgebaut. Ein *Pegelhäuschen* zeigt den Wasserstand in Leuchtschrift an (vgl. S. 75). Ein *Fahnenmast* mit den Flaggen der acht Donauanliegerstaaten bezeichnet den spätmittelalterlichen Donauhafen, der zur Zeit der Donaukriege als 'Peterwardein' bekannt war. Der Rathausplatz bildet im Sommer wie eine südliche Piazza Dreh- und Angelpunkt der Menschenströme zwischen Reisebussen und Fahrgastschiffen.

Die Wittgasse bietet vom Brückenstumpf der 1945 gesprengten Maxbrücke (s. oben) einen guten Donaublick, und Fußgänger finden hier ein Treppchen hinunter. Die Gasthäuser besitzen einen niedrigen Gang längs durchs Haus zum Fluß.

Am Rindermarkt liegen zwei Buchhandlungen, die eine betont Kunst und Landschaft, Katholisch-Theologisches und Schul- und Reisebücher; die andere gehört zur Reihe der Kunsthandlungen, deren Schaufenster mit Passaus Bild als 'schwimmende Stadt', als 'domgekrönter Häuserberg', als 'festungsüberragtes Mittelalter' in alten Stichen, neuen Federzeichnungen und farbigen Tuschen ausgefüllt sind. An der Nordseite drei Gaststätten. *Café Simon* gehört einem der berühmten Passauer Wachsbildner, die noch heute zum Ruf dieser niederbayerischen Handwerkskunst und zur Verbreitung altväterlicher Motive beitragen. Neben dem *Café Paulusbogen* wurde 1974 das *Hotelrestaurant und Café König* (Fahrstuhl zur Donau) unter Erhalt der alten Terrasse an das Stadttor angebaut.

Die **St. Johannes-Spitalkirche** des Bürgl. St. Johannes-Spitales, 1830 ausgebessert und neuerlich restauriert, fügt sich mit einem kurzen Turm und großen gotischen Maßwerkfenstern in der Südwand unauffällig in die fortlaufende Häuserfront des Rindermarktes ein. Die zwei Schiffe der kreuzgewölbten Halle (1390) mit heraustretenden Schlußsteinen erhielten ähnlich wie die Heiliggeistkirche nach abgetragener Nordwand einen kleinen Chor; doch blieb die Blickrichtung zum Altar mit seinem figurenreichen, überraschend bunten Aufbau erhalten. Der dreifache Abschluß erinnert an die Burgkapelle auf Schloß Trausnitz in Landshut. Allerdings handelt es sich hier um bemalte Steingüsse des 19. Jahrhunderts nach mittelalterlichen Werken, die Bischof Heinrich als 'ein erbauliches Museum der christlichen Kunst' anschaffte. Doch auch echte Bildnereien sind vorhanden: eine Anzahl roter *Grabplatten* des 14. bis 17. Jh. aus Porphyr, darunter die der Passauer Künstler Hans Pruckendorfer (Maler, †1518) und Jörg Gartner (Bildhauer, †um 1450; rechts vom Eingang). Ein wertvoller *Erbärmdechristus* zwischen Maria und Johannes wurde als Halbfigur aus Stein über die Tür gemauert, die zum alten Spitalgebäude führt.

Das *St.-Johannes-Spital* nahm schon um 1200 vor der Ummauerung der Neustadt arme Pilger auf. Der Reichtum wuchs durch Stiftungen. Auch eine Bierbrauerei gehörte dazu, und die rd 70 Pfründner waren verarmte alte Bürger mit ihren Familien. In dem dazu gehörenden Bruderhaus wurde jene Altersfürsorge auch auf Handwerksgesellen und Dienstboten ausgedehnt. Das städtische Altersheim 'St. Johanespension' erhielt 1978 auf den gewaltigen Wasserschutzmauern zur Donau einen stilgerechten Neubau.

Am 27. April 1662 brach in diesem Spital der Feuersturm los, der auch Mariahilf und den Anger auf der l. Donauseite ergriff: drei Klöster, 13 Kirchen, 26 Türme und 10 Tore sowie 600 Wohn- und Wirtschaftsgebäude gingen zugrunde. Eine zweite Feuersbrunst vernichtete 1680 den Rest und das eben erst Wiederaufgebaute. Erst nach Jahrzehnten hatte die Bevölkerung diesen Schaden annähernd überwunden. Die Vernichtung wurde am Ende des 17. Jh. zum Grund der Beschäftigung zahlreicher italienischer Baumeister und handwerklicher Stukkateure.

Die schon 1050 urkundlich erwähnte **St. Paulskirche** blickt beherrschend auf den Rindermarkt herab; die rote eintürmige Fassade leuchtet besonders im Nachmittagslicht in der Sicht von der Schanzlbrücke. Sie ist Stadtpfarrkirche, der Dom hinter ihr Kathedralssitz. Vorbei

und unter ihr hindurch windet sich der Verkehr durch das Tor der Altstadt, den *Paulusbogen*. Eine Freitreppe leitet zur Pforte im Westturm hinauf (Helm 20. Jh.). Wo die Treppe winkelt, liegt eine ehemalige *Corpus-Christi-Kapelle* des 17. Jh., ein winziger Zentralraum mit ausgemalter Laterne, die sich in der Turmfassade wunderlich ausnimmt. Ein *Renaissancerelief* erklärt in kleinen Figürchen das Dogma der Erlösung.

Nach dem Brand von 1662 ist die Pfarrkirche mit Hilfe italienischer Meister aus der Dombauhütte in barocker Pracht wieder erstanden. Zwischen dem Steinweg und dem südl. Friedhof – bis 1772 benutzt und heute Sportplatz des Seminars St. Valentin – blieb keine größere Breite, als sie das ehemalige gotische Schiff aufwies. Auch der Chor ist kurz eingezogen. Wandpfeiler geben Nischen für je drei Seitenaltäre ab, die von Quertonnen überwölbt sind. Die **barocke Ausstattung* in Schwarz und Gold (1678–1700, Stuck aus dem 20. Jh.) rückt trotz zart gestalteter Wand- und Deckenflächen vor dem Besucher, der unter der Orgelempore eintritt, schwer und gewaltig zusammen. Die Tafel des großartigen *Hochaltars* zeigt die Enthauptung des Apostels Paulus (1700; F. W. Tamm). Die Altarbilder der Seitenaltäre malten Tobias Pock, Johann Spillenberger und Angelo Alberto. Der Nikolausaltar ist der 'Lamplbruderschaft' gewidmet, einer 1604 gegründeten, noch heute wohltätigen Gesellschaft. Das *Christusbild* in der Taufkapelle kündigt in seinen Farben das 19. Jh. an (1798; Joseph Bergler d.J.). Der Sebastianialtar weicht mit seinen gedrehten Säulen (des Bernini Erfindung im Petersdom zu Rom) von den anderen ab. Dem Schiffsmeister Lukas Kern, Gründer des Waisenhauses im Ort, wurde hier ein in Frakturschrift gut lesbarer *Leichenstein* gesetzt. Der Schmuck der *Kanzel* (von J. Seitz und M. Högenwald) übertrifft noch die Altarschnitzereien. Leider wurde die Skulptur eines Evangelisten von Dieben herausgebrochen. Im Seitenkapellchen am Eingang ein modernes *Glasbild* der Gnadenkapelle in Altötting. Am Chor Ausgang zum Steinweg.

4. Nikolaviertel

Das St. Nikolaviertel entwickelte sich um eine sehr frühe Klostergründung (11. Jh.) vor der Stadt in wirtschaftlicher und geistlicher Unabhängigkeit. Als die Vogtrechte der Stiftung, zu der eine reiche Hofmark und die Fährrechte über den Inn gehörten, von den Grafen von Vormbach-Neuburg an Bayern übergingen, grenzte das Fürstbistum Passau fortan mit seiner Stadtmauer unmittelbar an den großen Herzogsstaat (1253–1803). Die für 600 Jahre verhinderte Ausweitung der Stadt nach Westen ist an der heutigen Bebauung noch abzulesen, denn das Gelände wurde auch im 19. Jh. noch nicht verfügbar. Napoleon benötigte es, als er Passau zu seinem Waffenplatz gegen Österreich bestimmte, und das Kloster blieb anschließend Kaserne des IX. Jägerbataillons. Sein französischer Garten wurde zum Kleinen Exerzierplatz und erlebte unter den Bayernkönigen Festparaden, in der nationalsozialistischen Zeit die 'Aufmärsche'; heute besetzen ihn bis 600 Kraftfahrzeuge. Viermal im Jahr muß das bunte Blech weichen: im März für die *Passauer Frühjahrsausstellung,* eine für die landwirtschaftliche und industrielle Entwicklung des Gebietes wichtige Verkaufsmesse des ostbayerischen Handwerks sowie für die Landmaschinen und Baustoffe; Anfang Mai und Mitte September vor den Brauereifestzelten der altüberlieferten *Dult* (Name seit 1822), einem Bierfest inmitten von Riesenrädern und Schaubuden, seit 1164 Kirchweihtag des St. Nikolaklosters, 'Krügelkirta' genannt; im Dezember vor dem *Christkindlmarkt.*

Die **Nibelungenhalle** an der Ostseite wurde 1935 als größte Mehrzweckhalle Niederbayerns in ziemlich ausdrucksloser neuer Sachlichkeit, mit Stilelementen der 20er Jahre, als 120 m langer Zweckbau für Ausstellungen, Tagungen und Kundgebungen errichtet und faßt mit den zwei Längsemporen 4 000 Menschen. Zwei hebbare Trennwände verkleinern den Riesensaal auf einen Bühnenteil für Konzerte und szenische Aufführungen während der Passauer Europäischen Wochen.

Vom Ludwigsplatz senkt sich die Nikolastraße über dem alten Stadtgraben zur Innstraße hinab. Auf die *ADAC-Geschäftsstelle* folgt das **Arbeitsamt.** Es hat unmittelbar nach dem Zweiten Weltkrieg durch die Abtrennung der 'Ostmark', danach durch die einströmenden Flüchtlinge und schließlich mit den Strukturschwächen des bäuerlichen Umlandes bis in die jüngste Zeit seine Sorgen gehabt. Heute verfügt es über 8 000 Industriearbeitsplätze, zählt etwa 540 Handwerksbetriebe mit fast 6 000 Beschäftigten und weiteren 1 800 Arbeitsplätzen im Baugewerbe. Etwa 500 Landwirtschaftsbetriebe verzeichnet die Statistik noch.

Die benachbarte **Handwerkskammer Niederbayern/Oberpfalz** (gegr. 1900), Nikolastr. 10, besitzt in ihrem Gebäude von 1950 (Bronzetafel) zugleich Unterrichtsräume. Sie betreut in den beiden Regierungsbezirken rd 24 000 Handwerksbetriebe mit etwa 164 000 Beschäftigten, im Stadtgebiet Passau 540 Betriebe mit mehr als 5 800 Beschäftigten. Sie fördert die wirtschaftliche Entwicklung in Ostbayern, unterstützt ihre Mitglieder bei der Rationalisierung und bietet berufliche Aus- und Fortbildung dem handwerklichen Unternehmer wie seinen Mitarbeitern. Zu den Förderungseinrichtungen gehören u.a. 12 betriebswirtschaftliche, 4 technische Beratungsstellen und 6 außerschulische

Berufsbildungszentren. Diese drittgrößte Handwerkskammer der Bundesrepublik hat ihre Hauptverwaltungen in Regensburg und in Passau.

Drei Bierschenken engen die Innstraße etwas ein. Von der Innpromenade bietet sich ein malerischer *Blick auf die Innstadt und die 'italienische' Seite der Altstadt. Das *Finanzamt* an der Augustinergasse bildet mit dem *Gesundheitsamt* zusammen einen guten Baublock; davor das neue *Arbeitsamt* (1979).

Das **St. Nikolakloster** hat kunstgeschichtlich wie allgemein in der Landesgeschichte eine große Bedeutung. Das ehem. Augustinerchorherrenstift trug mit seiner starken geistigen und finanzkräftigen Führung zur Formung des niederbayrisch-oberösterreichischen Landes bei. 1820 wurde es zu Passau eingemeindet. Nach wechselvollem Gebrauch wurden die Gebäude 1978 in die neue *Universität Passau* integriert. Die Erweiterungsbauten, die notwendig wurden, fügen sich sehr harmonisch in das Gesamtbild ein. Nur zwei Toreinfahrten von Norden und Süden durchbrechen die festungsartig und schmucklos zusammengefügten Stiftsgebäude und führen in den westlichen Klosterhof. 1945 bezogen Deutschordensschwestern den an die Kirche grenzenden geräumigen Arkadenhof. In einer FACHAKADEMIE FÜR SOZIALPÄDAGOGIK bilden sie staatl. geprüfte Erzieherinnen aus. Die Schwestern halfen eigenhändig, die barocken Decken im Erdgeschoß zu bewahren. In ihrer *Hauskapelle,* dem alten Klosterspeisesaal, ist die Wölbung mit feinen Flachrelieffiguren überzogen; andere Räume zeigen den schweren Stuck zwischen Gewölbekappen, wie ihn der Dom aufweist und auch die Sakristei der Nikolakirche, deren Putten als Gewölbeträger auf Carlone schließen lassen.

Der Gründer Bischof Altmann stattete um 1070 das Kloster reich mit Zinsen von Häusern und Gütern, Mautgefällen zu Wasser und zu Land, Weinbergen und Holzschlag aus. Es besaß später 13 Pfarren in Niederbayern und Oberösterreich. Altmann starb als Bekenner der innerkirchlichen Reformen von Cluny und Gegner des Kaisers Heinrich IV. in der Verbannung. Er hatte aber noch die Unterstützung der Kaiserin gefunden, statt der Ordensregel der Benediktiner die neue Chorherrnregel durchzusetzen, die sich nach dem Kirchenvater Bischof Augustin richtete. Seelsorge stand an erster Stelle der Arbeit, die ein Weltpriestertum mit mönchischem Leben verlangte. In diesem Geist gingen St. Nikolas Augustiner-Chorherren in das Umland, in den Donauosten, ins Alpenvorland und bis nach Brixen in Tirol. Die Chorbrüder schmolzen auf zehn, als Leonhard Paminger, Komponist und Schriftsteller, gest. 1567, nach einem Briefwechsel mit Martin Luther zur evangelischen Lehre übertrat und andere ihm folgten, wuchsen aber im 17. und 18. Jh. wieder auf siebzig Kanoniker an. Ihre stattliche Bibliothek wurde bei der Auflösung 1803 in Bayern und an die Studienbibliothek zu Passau aufgeteilt.

Die barocke Neugestaltung des Klosters war ein weltanschaulich-künstlerisches Bedürfnis. Von 1680 bis 1730 wurde die Umwandlung unter vier Pröpsten vollendet, als letztes die Kirche, in der 1716 von dem unermüdlichen Bauherrn Propst Joseph Anton Griesmüller (1712–41) in den Vierungsbogen geschrieben wurde: 'Ex Gothica in novam formam redacta MDCCXVI'.

Hinter der einheitlichen Planung möchten die einen den Passauer Barockmeister Carlo Antonio Carlone sehen, zumal er 1708 in St. Nikola starb, jüngere Forscher heben den Linzer Johann Michael Prunner heraus. Die Bauführung hatte Jakob Pawanger (1680–1743), die Stuckarbeiten unterstanden vermutlich den italienischen Brüdern Johann Baptist und Sebastian Domenico d'Allio wie auch dem oberösterreichischen Stuckmeister Franz Ignaz Holzinger; Wolfgang Andreas Heindl aus Wels malte 93 Deckenfresken. Den Hochaltar, die sechs Seitenaltäre und die Kanzel, die 1803 von der abgebrannten Pfarrkirche in Vilshofen vom Staat billig erworben wurden, schnitzten der Einheimische Joseph Hartmann und ein neunzehnjähriger Joseph Matthias Götz aus Bamberg. Die Chorstühle des Joseph Deutschmann endeten ebendort.

Die einstige Stiftskirche und heutige ***Pfarr-** und **Universitätskirche St. Nikola** ist nach der meisterhaften Wiederherstellung von 1960 wieder ein Kleinod in der Passauer Kunstlandschaft geworden. Die aus der Stiftungszeit stammende Kirche wurde nach einer Zerstörung des Klosters 1110 erneuert, aber 1348 nach einem Erdbeben auf dem gleichen Grundriß gotisch aufgebaut, mit Turm von 1420, schließlich 1720 in Barockarbeit völlig umgestaltet. Sie verlor 1815 den fein und kostbar durchbrochenen Turmhelm über dem gotischen Stumpf wegen angeblicher Baufälligkeit auf Verlangen des Befehlshabers der Kaserne. Dabei gingen auch auf der Attika der Fassade eine große Madonnenfigur und zwei Heilige zu Bruch. 1863 gar beabsichtigte das 8. Bayr. Inf. Regt, die Kirche in Soldatenwohnungen zu verwandeln. In den nächsten Jahren sollen die barocke Fassade und der gotische Turm erneuert werden. Nach 150jähriger Abwürdigung reicht seit 1960 die Pfarrgemeinde wieder bis zum Spitzberg hinauf und nimmt auch die Seelsorge an der Universität wahr. Die frühromanische KRYPTA aus der Gründungszeit des Klosters, seit 1978 wieder der Öffentlichkeit zugänglich, ist ein quadratischer Raum mit Mittelpfeiler und kräftigem Kreuzgewölbe. Die Renovierung brachte wertvolle Fresken vom 13. bis 16. Jh. zutage, darunter Umrißzeichnungen in Rötel um 1370.

Das *INNERE ist ein prächtiger, wohlausgewogener Raum. Er besitzt je vier weiße Barockpfeiler mit nicht allzu stark abgesetztem Gesims, deren letzter auf der Nordseite von der Ummantelung befreit wurde, um den gotisch gemauerten Bündelpfeiler zu zeigen.

Die flach gewölbte Decke ist mit etwas verblaßten Fresken in Stuckrahmen geschmückt. Am Übergang vom Querschiff zum Presbyterium zwei überlebensgroße Holzstatuen, *St. Nikolaus* und *St. Altmann,* um 1690, vermutlich von Joh. Littich. Das große Bild an der östlichen Chorwand zeigt *Christus als Weltheiland;* es entstand 1965 (Erich Horndasch). Das spätgotische Tafelbild der *Madonna mit St. Nikolaus und St. Altmann* vom 'Meister der Gregoriusmesse', um 1510.

Die großartige *Deckenmalerei (um 1718) steht in vielfachem religiösem Bezug zueinander und gipfelt in der scheinarchitektonischen Ausmalung der Vierungskuppel mit *Mariens Himmelfahrt,* umgeben von den vier Schutzheiligen der Kirche: St. Andreas, St. Pantaleon, St. Nikolaus, St. Maria Magdalena. Im nördl. Querschiff sind dargestellt: **Bischof Altmann,* wie er der Kaiserinwitwe Agnes das Kirchenmodell erklärt, *Bischof Hartmann von Brixen,* ebenfalls mit seiner Kirche, und der *hl. Markgraf Leopold.* Bischof Altmann wählte den Kirchenpatron nach seiner Rückkehr von einer Jerusalemreise und begründete St. Nikolas Ruf als Volksheiliger und Nothelfer in Schiffs- und Wassernot im Voralpenland. Im südl. Querschiff steht die *Himmlische Musik* im Mittelpunkt, da sich darunter einmal die Orgelempore befand, unterstützt von David mit der Harfe und der hl. Cäcilie. Die Felder vom Eingang her zur Vierung sind dem Leben und den Wundern des *Schutzheiligen Nikolaus* gewidmet. Sie setzen sich im Chor fort mit der Darstellung der *24 Ältesten,* von denen die Offenbarung Johannes' berichtet. Am nordwestlichen Bildrand hat sich der Maler Heindl selbst gemalt.

Mit Gesetz vom 22. 12. 1972 wurde vom Landtag des Freistaates Bayern die Errichtung der **Universität Passau** beschlossen. Sie begann den Lehr- und Forschungsbetrieb im Wintersemester 1978/79 mit rd 500 Studenten in den Fachbereichen Sprach- und Literatur- sowie Wirtschaftswissenschaften in den umgebauten Räumen des Nikolaklosters (s.o.), ohne den Fortbestand des Klosters zu berühren. Inzwischen wurden die Zentralbibliothek, Mensa und ein Studentenhaus fertiggestellt. Der weitere bauliche Ausbau, insbesondere die Errichtung eines Zentralgebäudes für die Hochschulverwaltung, ein weiterer Komplex für Geisteswissenschaften und die Gebäude für den Bereich Mathematik und Informatik wird sich in einer Reihe von Einzelgebäuden innaufwärts längs der Innstraße bis zum Krankenhaus noch einige Jahre hinziehen. 5 Fakultäten und Studienplätze für 4 000 Studenten sind vorgesehen, außerdem ein Sportzentrum.

5. Bahnhofsviertel

Das Bahnhofsviertel des 19. Jh. hat große und noch nicht überwundene bauliche Eingriffe erfahren. Es zieht sich längs des Güterbahnhofes nach Westen über die Flußaue (*Grünau* und *Haitzing)* am Nordfuß des Spitzberges bis zum Kirchenhügel von *Auer-*

bach hin. In der Bahnhofstraße bilden Bedarfsläden, Banken, Versicherungen und Krankenkassen ein zweites Geschäftsviertel im Anschluß an den Ludwigsplatz und die Schanzlbrücke.

Kaufhaus bilka kennt viel Landkundschaft, auch aus dem Österreichischen. Hinter der nüchternen Glasfassade (1963) liegt im zweiten Stock ein großer, mittags überfüllter Gastbetrieb. Die Gegenseite bietet eine stilgeschichtlich aufschlußreiche Front: leise bröckelnder Prunk der Gründerzeit (Nr. 22), sachliche Billigfassaden und der schlichte, aber architektonisch gut gelöste Bau des Kaufhauses Woolworth.

An das Kaufhaus bilka schließt sich die 1970–74 erbaute *Hauptpost* an, die ein städtebauliches Ereignis bildete (H. Winter, OPostdir. Regensburg). Die dreibündige Anlage mit einem Kern in der Mitte wurde als Stahlbetonskelett mit vorgehängten Fertigteilen – von Fensterbändern unterbrochen – hochgezogen. Hinter dem 30 m hohen Verwaltungsgebäude mit Schalterhalle und Schließfachanlage, Postzollstelle usw., mit ca. 300 Beschäftigten, überspannt eine Brückenplattform von 95 m Länge und 60 m Breite die vier Bahnsteige und Nebengeleise des Hauptbahnhofs. Sie trägt an der jenseitigen Grünaustraße das *Betriebsgebäude* (Nachtschalter), den *Fahr- und Ladehof* und einen viel begangenen Fußgängerüberweg, den alten 'Bahnsteg'. Dem Hauptpostamt unterstehen 26 Postämter und 79 Poststellen. Ein wichtiger Faktor besonders für das Passauer Einzugsgebiet ist die Personenbeförderung. Das Streckennetz beträgt 434 km und die weiteste Entfernung 170 km bis Cham. Auch eine österreichische Kraftpost erreicht Passau von Linz einmal täglich, von Bundespostfahrten im Sommer ergänzt.

Der 1860 in klassizistischem Stil erbaute **Hauptbahnhof** genügt nach mehrfach umgebauter Schalterhalle noch heute allen Aufgaben, die ein Grenzbahnhof stellt, nur fehlt ihm der Vorplatz, der sich bis zur Donau hin erstrecken könnte. Auf beengtem Raum mit drei Bahnsteigen werden täglich rd 50 Reisezüge abgefertigt, die Nebenstrecken nach Pocking und Freyung eingeschlossen. Etwa 17 grenzüberschreitende Schnell- und Lokalzüge verlassen täglich den Bahnhof. Die kürzeste Fahrzeit nach Wien hält der IC 'Prinz Eugen' mit drei Stunden. Zur Landeshauptstadt München hingegen bestand lange keine Schnellzugstrecke, da sie in der Hügellandschaft um das Rottal gegen bäuerliche Eigentumsrechte nicht zustande kam. Nun dauert die 'Fahrt um die Ecke' mit dem D-Zug 2 Stunden. Der Hauptverkehrsstrang verläuft über Regensburg nach Osten, wie die Zugnamen es erkennen lassen: Ostende–Wien– und Holland–Wien–Express, der Beogradexpress von Hamburg, die Schnellzüge 'Johann Strauß' und 'Donaukurier' von Frankfurt bzw. Dortmund. Intercityanschluß ist in Nürnberg oder Würzburg gegeben.

Die 1860 eröffnete Bahnstrecke Straubing–Passau der 'Kgl. privilegierten Aktiengesellschaft der Bayerischen Ostbahnen' wurde sogleich unter dem Kleinen Exerzierplatz hindurch in einem 169 m langen Tunnel über den Grenzfluß der österreich. 'Kaiserin-Elisabeth-Westbahn' entgegengeführt. Bis 1938 saß eine österreichische Zugleitung im linken Bahnhofsflügel. Danach wurden Tunnel und Brücke zweigleisig ausgebaut. Die Geschichte ist reich an technischen und wirtschaftlichen Merkwürdigkeiten, angefangen vom schwierigen Streckenbau an der Löwenwand bis zur berühmten Zahnradstrecke Erlau–Wegscheid von 1904, die ein Felssturz 1965 lahmlegte. – Mit etwa 40 Güterzügen täglich wird ein bedeutendes *Frachtaufkommen* bewältigt, das einerseits Industrieerzeugnisse in den Passauer Raum bringt, andererseits auch dem Warenaustausch mit Österreich dient. Maschinen, Kraftwagen, Düngemittel, Phosphate und chemische Erzeugnisse kommen aus dem Westen, aus Luxemburg, Belgien und Frankreich, Überseefrüchte aus den Nordseehäfen, zurück fließen Stahlbauteile von den österreichischen Stahlwerken in Linz, Chemikalien, Obst, Vieh und Holz.

Dem Bahnhof gegenüber führt die Haissengasse auf die Obere Donaulände zu dem Bootshaus des *Passauer Rudervereins von 1874.* Die luftige Eisentreppe zu den oberen Räumen gestattet einen umfassenden Blick auf den Strom und die Brücke und in der laublosen Zeit auf das drüben auf dem Berg liegende Schloß Freudenhain.

Das Bahnhofsvorgelände wird in den kommenden Jahren völlig umgestaltet. Die altehrwürdigen Werkhallen der Passauer Stadtwerke wurden bereits abgerissen. Passaus lebhafte Entwicklung in Richtung Tagungs- und Kongreßstadt läßt auch den Bau eines größeren Hotels notwendig werden, das ebenfalls hier entstehen soll. Ein Parkhaus und ein längst fälliger Omnibusbahnhof sollen die Neuanlage des Platzes vervollständigen. Der äußerst beschränkte Raum, der hier lediglich zur Verfügung steht, verlangt eine geschickte architektonische Lösung.

B. ALTSTADT

6. Domplatz und Dom

Der weiträumige *Domplatz, ohne sichtbare Straßen, verdankt seine Gestalt Bischof Konrad, der 1150 die Domherren anwies, auf der Domhöhe zu wohnen. Die so entstandenen 16 Kapitelhöfe gaben dem mittelalterlichen Dom einen Vorhof, dessen Gittertore später (1253) nur noch dem kanonikalen Adel offenstanden. Erst im 19. Jh. kehrte mit der Errichtung eines Denkmals zu Ehren der Monarchie bürgerliches Treiben auf den Platz zurück. Heute drängen sich zu Wochenmarktzeiten Einkaufende zwischen Ständen und Lieferwagen bis in die letzte Ecke des Gevierts und geben dem sonst stillen Platz buntes Leben. Das *Standbild Maximilian Josephs I. v. Bayern,* im Krönungsornat, wurde aus einer alten Bürgerkanone gegossen (1824; Chr. Jorhan d. J. und K. Samassa). Vom Sockel des Denkmals, 'dem geliebten Könige von seinem treuen Volk' zur Feier seiner 25jg. Regierung gesetzt, blickt man auf die Domfassade und die ehem. Domherrenhäuser, die nach den Bränden von 1662 und 1680 neu errichtet und in ihrer jüngsten Bestimmung verändert worden sind.

Der als *Fürstbischöfliches Gästehaus* und 'Neugebäud' (Nr. 2) errichtete Eckpalast von der Turmdurchfahrt zur Zengergasse dient heute als *Postamt 2*. Ihn baute, Wiener spätbarocken Vorbildern folgend, Jakob Pawanger aus Passau (1712) und gab der von rustizierten Hermenpilastern gegliederten Wand Maskenfelder unter dem Dachsims. In der Einfahrtsnische steht ein hölzerner Herkules mit Löwenfell. Ein schmaler Durchlaß, die Carlonegasse, führt zu einem Blick über die Stadt in die Grabengasse (Fußgängerzone) oder über die 'Ballhausstiege' unmittelbar zum Inn hinunter.

Im Haus Nr. 3, ehemals Kapitelhof, später Rentamt, jetzt Haus St. Altmann, sind mehrere Diözesane Behörden untergebracht (Seelsorgeamt, Kath. Aktion, Diözesanbauamt, Kirchensteueramt, Passauer Bistumsblatt). Die *Dompropstei* (Nr. 4) enthält derzeit die Amtsräume des Diözesanbischofs, in den Empfangsräumen klassizistisch bemalte Wände sowie schöne Öfen. Sie erreicht mit einer durchgehenden Blendmauer vor dem Satteldach die Höhe der Nachbarhäuser. Die *St. Barbara-Kapelle* (nicht öffentlich) wurde einbezogen und über der Tür ein Marmorrelief (1370) mit Maria und Katharina angebracht; daneben eine Maria, das Jesuskind tragend (1945).

Am folgenden Haus, jetzt *Priesterseminar St. Stephan* erinnert eine Gedenktafel an den Jesuitenpater und Volksprediger Heinrich Abel († 1926). Das Steinrelief, thronende Madonna zwischen zwei Erzengeln, bezeichnete der Domherr Graf Martiniz (17. Jh.) mit seinem Wappen. Das kleine Bischofswappen des Simon Konrad (um 1949) über dem Türsturz zeigt hinter dem Scheyernkreuz den heraldischen Hund des Grafen Lamberg und die zum Bistum gehörende Gnadenkapelle von Altötting.

Das **Priesterseminar** wurde 1828 neu gegründet und bildet heute das Kolleghaus der an der kath.-theol. Fakultät der Universität Passau studierenden und hier auch praktisch auszubildenden Priester. Derzeit 40 Seminaristen. Treppenhaus und Gänge des vor 1700 erbauten und modernisierten Hauses enthalten Barockgemälde und eine Steinplastik des hl. Stephan von 1500. Ein Schulbau von 1910 leitet zur wohlgelungenen neubarocken *Seminarkirche St. Stephan* über (1910; Joh. Schott). In ihrem Flachkuppelraum hängt ein geschnitzter und versilberter Christkönig (1960; J. Henselmann). Beide Anfügungen an den Altbau haben, namentlich für einen Blick aus der Stadt, die Palastrückwände über den Dächern der Grabengasse zu einem glücklichen Abschluß verlängert. Den Garten schließt die sog. *Römerwehr* ab, eine halbkreisförmige Steinmauer des 10. Jhs. über einem keltischen Erdwall. Der herrliche *Stadtblick ist leider nicht ohne Erlaubnis zugänglich. Ein Blick durch die Toreinfahrt fällt auf die fünf für Passau maßgeblichen Heiligen, übergroße Standbilder des 19. Jh., vom Dom: Maximilian (3. Jh.); Severin und Valentin (5. Jh.), Stephan (1. Jh.) und Altmann (1. Jh.).

Im anschließenden **Lamberghof** (Nr. 6; 1662/18. Jh.) wurden, wie eine Inschrift des Kanonikers Graf Starhemberg erklärt (1790), im Jahre 1552 die ‘Passauer Verträge’ zur gegenseitigen Duldung christlicher Konfessionen geschlossen. Darin vereinbarten König Ferdinand und Moritz v. Sachsen die vorläufige Religionsfreiheit für die Anhänger der Augsburger Konfession. In der spätbarocken Fassade ist nach wiener Vorbild der Mittelteil leicht vorgezogen und mit Stuckgirlanden verziert (1724; J. M. Prunner aus Linz). Ein Wappen über der Tür zeigt zweimal den Passauer Wolf mit weißblauen Balken; im Haus ist heute u.a. das Bischöfl. Konsistorium, das geistliche Gericht, untergebracht. Im 19. Jh. befand sich hier das Postamt.

Im *Bischöfl. Seminar St. Valentin* (Nr. 7), einem Kanonialhof von 1598 mit neueren Anbauten, wohnen z. Zt. 100 Gymnasialschüler. Im Haus daneben (Luragogasse 4) ist das Archiv für das Bistum Passau eingerichtet; im 2. Obergeschoß wohnt Altbischof Antonius Hofmann (Wappen vor der Tür).

Im alten Eckhaus Nr. 8 an der Luragogasse befaßt sich ein *Antiquariat* besonders mit Büchern und Stichen von Altpassau und Bayern. Hier wurde die hochbewertete ‘Geschichte der Stadt Passau’ des Bezirksgerichtsarztes Dr. Alexander Erhard original nachgedruckt (1862/1974) herausgegeben; an den Arzt erinnert eine *Haustafel* um die Ecke. Es folgt das *Dompfarramt* (Nr. 9). Die private *Handelsschule Pindl* (Nr. 10) ist ein Neubau.

Im roten Eckhaus am Dom (Nr. 11), das 1476/1662 erbaut wurde und bis 1803 im Besitz der Domherren war, befindet sich seit 1862 das **Landratsamt.** Es verwaltet den 1 530 qkm umfassenden und 150 000 Einwohner zählenden Landkreis Passau, während die Stadt selbst mit ihren 52 000 Bewohnern direkt der Regierung in Landshut untersteht. Nebenstellen befinden sich in Vilshofen, Wegscheid und Griesbach. Seine Aufgaben reichen von der Sozialhilfe und Jugendfürsorge über Schulen und Krankenhäuser, den Katastrophenschutz bis zur Überwachung der Bautätigkeit und der Wasser- und Flächennutzung. Vom Landratshof hinter dem schmiedeeisernen Tor (1840) blickt man in den Steinweg.

Ein *Totenmal* der 1914–18 Gefallenen des Königl. Bayer. 16. Infanterieregimentes an der verlängerten Domfassade schließt die Runde um den Domplatz (1924; G. Nida-Rümelin).

Der **Dom** *(St. Stephan)*, auf dem höchsten Punkt der Altstadt gelegen (70 m über der Donau), hat ein barock erneuertes Langhaus von drei Schiffen mit einer Vierungskuppel, deren Kreuzspitze 69 m erreicht. Daran schließen sich der spätgotische, barock überarbeitete Hochchor, der ehem. Kreuzgang mit vier sehenswerten Kapellen und eine Sakristei des 17. u. 20. Jahrhunderts.

Die dem Langhaus vorgebaute BAROCKFASSADE mit zwei Glockentürmen (68 m) schließt klar und einfach, senkrecht wie waagrecht dreiteilig gegliedert, den Domplatz ab. Der Mittelwand entsprechen beiderseits halb so hohe und halb so breite Abschlüsse der Seitenschiffe, die von den Turmuntergeschossen eingefaßt werden. Das starke Gesims hebt das Langhausfenster und die Schutzheiligen des Bistums, Maximilian (l.) und Valentin, in den Turmnischen hervor. Es läuft in der später angefügten Mauer, welche die Kreuzgangkapellen abdeckt, fort. Über der zweiten Waagrechten bekrönt Maria mit dem Jesuskind die Giebelspitze, flankiert vom hl. Serverin mit dem Kreuz und dem hl. Stephan mit dem Siegeslorbeer; darunter das Auge Gottes. Die höher aufragenden Uhrengeschosse der Türme bergen die Glocken, tragen die Jahreszahlen 1674 und 1675 und schließen mit einer Balustrade (1896) ab. Die ebenfalls neuen Achtecktürmchen darüber wiederholen den Aufbau des achteckigen Vierungsturmes und ahmen dessen ungewöhnliche Barockkuppel auf gotischem Unterbau nach.

Die Langseiten der Basilika wirken als wuchtige Mauerflächen und lassen eine barocke Wandgestaltung erst aus einiger Entfernung über den Seitendächern erkennen. Die drei Westtüren zeigen kupfergetriebene Ornamente; für die 1811 des Schmuckes beraubte Nordtür schuf Leopold Hafner einen Windfang (1972); die Südtür ist von 1693. Betritt man von der Nordwestecke durch ein gotisches Steintor den 1811 abgebrochenen Kreuzgang, hat man zur R. die Lamberg- und Trenbachkapelle, zur L. die Andreas- und die Ortenburg-Kapelle, vor sich die Domnordwand, bedeckt mit Grabplatten aus sechs Jahrhunderten.

Ein völlig anderes Gesicht zeigt der 42 m hoch aufragende gotische CHOR vom Residenzplatz aus: mit fünfgeschossigen Strebepfeilern, elf Fenstern, davon sechs verblendet (aber zwei für den modernen Altar wieder geöffnet), mit Krabben, Kreuzblumen und einem breiten Blendfenster unter dem spätgotischen Eselsrücken in der Ostwand des Querschiffs, beweist er trotz der barocken Fensteraugen und dem gedrückten Gesims seinen gotischen Entwurf. Der verspielte Eckturm, *Stephanstürmchen* genannt, der die Stadtbrände überstand, führt unter das Dach. Am Vierungsturm wechseln viergeschossige Strebepfeiler an den acht Ecken mit Treppentürmchen, die später mit barocken Pinienzapfen oder Kugeln gekrönt wurden. Die Bekrönungsfigur auf dem zierlichen gotischen Stephanstürmchen wurde 1935 erneuert.

BAUGESCHICHTE. Es fehlt nicht an Versuchen, dem Dom einen höheren Rang zuzuerkennen, als er gemeiniglich einnimmt. Die unterschiedliche Beurteilung wird am Gegensatz der Vorder- und Rückenansicht, der Andersartigkeit barocker und gotischer Baugesinnung liegen, obwohl das Neue dem Alten meisterlich angepaßt und außen wie innen ein großartiger Kirchenbau geschaffen worden ist. Stellt man sich den gotischen Dom nach den Maßen des Chores, entsprechend dem Holzschnitt Wolf Hubers († 1553), vollendet vor, oder denkt man sich zum Langhaus einen barocken Chorabschluß, so hat man je einen bedeutenden Großbau vor sich.

Eine Stephanuskirche wird erstmals um 730 urkundlich erwähnt; sie war wohl die alte Herzogskirche. Vom karolingischen Dom, in den Herzog Tassilo um 765 die Gebeine des hl. Valentin aus Trient bettete, ist nichts erhalten, ebensowenig von dem romanischen Gotteshaus, das unter Bischof Pilgrim (971–991) die Überreste des hl. Maximilian aus Altötting empfing. Um 1250 begann man einen neuen Dom zu planen und ging unter Fürstbischof Bernhard v. Prambach ans Werk. Zunächst wurden das Westwerk (1290–1320), ein gotisches Mittelschiff und zwei Seitenschiffe angefügt. Den spätgotischen dreischiffigen Chor plante *Hans Krumenauer* aus der Prager Parlerschule (Baubeginn 1407). Um 1580 ist der Dom eingewölbt. Mit seinem in den Spitzen gotisierten romanischen Turmpaar erscheint er auf den Stichen von Abent (1576) und Merian (1644). Dem ersten Meister der Domhütte, Krumenauer, folgten Jörg Windisch (†1466) und Hans Lindorfer (†1505), dem die einzigartige Vierungskuppel gelang.

Der Stadtbrand zerstörte 1662 den größeren Teil des gotischen Domes. Der junge Fürstbischof Wenzeslaus Graf Thun aus Prag (1664–73) baute auf den alten Maßen des Langhauses eine neue Bischofskathedrale nach dem Vorbild des gerade vollendeten salzburger Domes mit eindrucksvoller Fassade im Barockstil, der hauptsächlich von italienischen Baumeistern aus dem Intelvital (zwischen Comer und Luganer See) getragen wurde. Den Wiederaufbau leitete der aus Prag verpflichtete *Carlo Lurago* (1615–1684). Er schuf in einem Großunternehmen in zwanzig Jahren gegen die Zahlung von 30 000 Gulden den heutigen Dom, nochmals zwar von einem Stadtbrand 1680 angegriffen, aber wieder ausgebessert. Die umfangreichen Stuckarbeiten unterstanden *Giovanni Battista Carlone,* der sechzehn Helfer beschäftigte, unter ihnen sein Schwager Paolo d'Allio. Ihn unterstützte *Francesco Torre* bei den Steinmetzarbeiten. *Carpoforo Tencalla* (1623–85), der Neubegründer der bayerisch-österreichischen Freskenmalerei, ist der Meister der großen Dekkenbilder im Chor und Langhaus. Auf dessen Tod folgten Matthias Rauchmiller aus Wien und Carlo Antonio Bussi aus Mailand. Die Liste der Maler und Bildhauer der Seitenaltäre umfaßt mehr als ein Dutzend Namen. Der domkapitelsche Baumeister Jakob Pawanger (1680–1743) aus Prag setzte 1707 anstelle der gotischen Spitzhaube eine geschweifte barocke Kuppel auf den Vierungsturm. Dombaumeister Heinrich v. Schmidt aus München löste 1897 auf den Westtürmen die flachen Pyramidendächer ab und gab der Westfassade neubarocken Figurenschmuck. Seit 1928 gibt es in Passau eine staatliche Dombauhütte, die die schadhaften Stellen am gotischen Dom erneuert. Von

1972–80 wurde durch die Diözese der Innenraum einer glücklichen Gesamtrenovierung unterzogen.

Im INNEREN entstand unter Lurago in harmonischer Verbindung von Langhaus und Chor einer der großen europäischen Barockräume (2 560 qm; Vatikankirche 15 160 qm). Sieben Pfeilerpaare ragen zwischen den Jochen bis zur Scheidwand im Gewölbe auf, werden aber im oberen Raumdrittel von einer in Ranken und Figuren überquellenden Stuckzier aufgenommen. Trotz der gotischen Scheitelhöhe von 29 m (Vierungskuppel 48 m) laufen Kapitelle und Gesimsbänder eindeutig waagrecht, um den Chor zwischen seinen Fenstern und Fensteraugen einzubinden. Von der Gesamtlänge (102 m) entfällt ein Viertel auf den Chor. Die Gesamtbreite beträgt 33,5 m bis ins Querschiff. Der deutliche Achsenknick des Chors rührt von der schmalen Zufahrt zur alten bischöflichen Residenz her.

Der Stuck setzt an den Pfeilern mit einem starken Gesims in der Längsrichtung ein, auf dem inschriftentragende Putten stehen. Auf den Jochbögen ruhen zu beiden Seiten der Kartuschen allegorische Gestalten mit frei in den Raum greifenden Gliedmaßen in Höhe der korinthischen Kapitelle. Über ihnen stützen wuchtende Männer ein stark zur Mitte springendes Gesims, auf dem Spruchbänder haltende riesige Propheten aus der Wand treten. Rund 100 Statuen sind im Wandaufbau enthalten, einzeln herausgezogen nicht vorstellbar und voneinander durch die Haltung unterschieden. Die rotbraune Deckenmalerei des Tencalla bleibt in ihren vom Stuck deutlich begrenzten Feldern. Ihr Schöpfer beriet sich in Linz mit dem geistlichen Rat Gentilotti bei der Auswahl passender Bibelstellen und dem dazu gehörigen allegorischen Kanon für die darzustellenden christlichen Tugenden. Die fünf Joche haben, bei der Orgel beginnend, bestimmte Themen, ausgedrückt in handelnden Gestalten der Heiligen Schrift (vgl. Plan). Je vier Propheten und allegorische Gestalten für je vier christliche Tugenden und je vier Sybillen in den Hängezwikkeln erscheinen um jedes Bild. Das Gemälde in der Vierungskuppel zeigt Gottvater im Kreis von musizierenden Engeln, das Tonnengewölbe des Chores die figurenreiche Steinigung des Stephanus. Der Heilige schaut in seinem Sterbegebet "den Himmel offen".

Das kunstreiche Gehäuse der HAUPTORGEL des Passauer Bildhauers Matthias Götz (1736) schließt den Westraum prunkvoll ab. In spätromanischer Disposition hatte Martin Hechenberger das dritte Werk (1685, 1733, 1889) mit 76 klingenden Stimmen zur größten Orgel Bayerns gemacht. 1928 schufen G. F. Steinmeyer & Co aus Oettingen hier die damals größte Orgel der Welt, die heute nur von einer Profanorgel in Atlantic City (USA) übertroffen wird. Sie wurde 1980 von der Passauer Firma Eisenbarth erneuert und vergrößert. Das Riesenwerk ist wegen seiner Klangschönheit und Tonmacht gleich berühmt

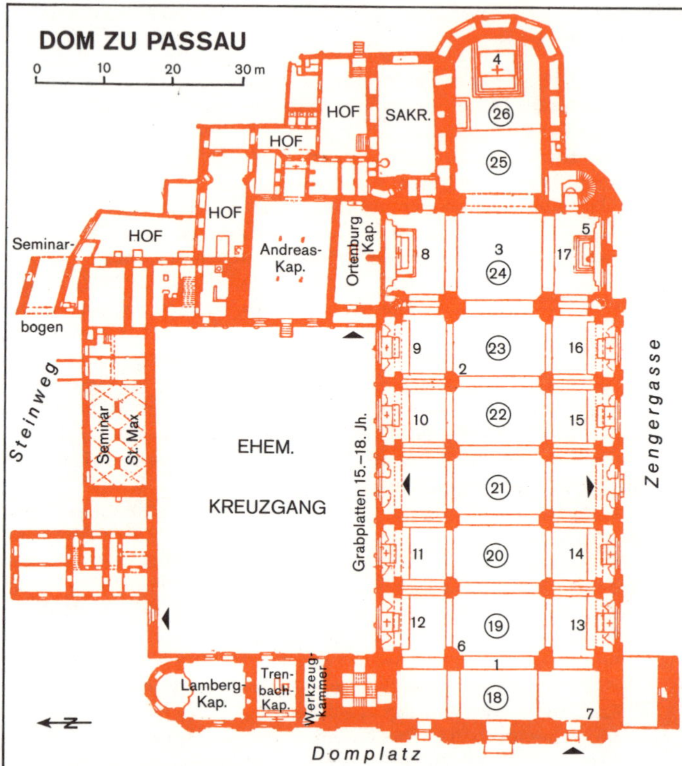

1 Hauptorgel, Gehäuse 1731
2 Kanzel, vergoldet, 1726
3 Mittelaltar, J. Henselmann, 1953
4 Hauptaltar St. Stephan, 1953
5 Got. Spitzbogen barock verputzt
6 Got. Pfeilerreste im Querschiff
7 Kruzifixus, spätgotisch

NEBENALTÄRE 1687/89 (von Carlone; ● Gemälde von Rottmayr)

8 Marienaltar, Carlone 1687
● 9 Pauli Bekehrungsaltar
10 Martinsaltar
Pforte, Tür von 1693
11 Christi Geburtsaltar
● 12. Sebastiansaltar
● 13 Agnesaltar
14 Dreikönigsaltar
Pforte, Tür von 1693
15 Katharinenaltar
● 16 Johannesaltar
17 Maximilian- u. Valentinsaltar

DECKENGEMÄLDE (von Tencalla, außer 21)

18 Hl. Cäcilie (Orgelempore)
19 Reinigung des Tempels
20 Das alttestamentliche Opfer
21 Aussendung des hl. Geistes
22 Siegeszug Gottes auf Erden
23 Triumph der Kirche
24 Stephans Sterbegesicht
25 Steinigung des hl. Stephan
26 Eucharistie

und ertönt, außer zu den Gottesdiensten, im Sommer täglich. Es besitzt 17 388 Pfeifen, deren längste 11,3 m und deren kürzeste 6 mm mißt, 231 klingende Stimmen und 1 076 Züge für 5 frei einstellbare Manuale und Pedale; 5 Schwellwerke und 2 Crescendowalzen können gespielt werden, 900 km Elektrodraht steuern bis zu 100 cbm Luft durch die Windläden in einer Sekunde. Vier Nebenorgeln: zwei auf der Westempore, eine im Presbyterium und die Fernorgel (Echoorgel) auf dem Dachboden über der mittleren Kuppel.

Die holzgeschnitzte und vergoldete KANZEL ist ein Meisterwerk mit 16 Figuren (1726 in Wien gefertigt). Die vier Evangelisten, die Versinnbildlichung der Kirche und die Putten gehen auf einen Entwurf von Lukas v. Hildebrandt und Georg Raphael Donner zurück.

Als erster der ALTÄRE nach dem Brand wurde der *Marienaltar* (8) an der Nordwand des Querschiffes 1687 von G. B. Carlone aufgerichtet, Anfang des 19. Jh. als Tabernakel ein Empiretempelchen von Chr. Jorhan d. J. eingefügt. Im Südschiff folgte Carlones Altar der Bistumspatrone, der Hll. Maximilian und Valentin (17), zu dem der Niederländer Frans de Neve aus Wien die Altarblätter beitrug. Carlone fertigte bis 1693 alle zehn Seitenschiffaltäre aus Stuckmarmor in harmonischer Einheitlichkeit, deren Bilder aber verschiedenen Malern zugehören: viermal ist Johann Michael Rottmayr aus Laufen vertreten, der in der Art von Rubens arbeitende bedeutendste Barockmaler des deutschen Ostens; die anderen sind: Frans de Neve, J. C. Resler, J. C. Sing und A. Wolff.

Ein dem Dom würdiger HOCHALTAR kam trotz mannigfacher Entwürfe im 18. und 19. Jh. nicht zustande. Seit 1953 steht die **Steinigung des hl. Stephan* als freie Figurengruppe auf einer tiefen Bühne. Sie zeigt den Heiligen in dem Augenblick, als er unter dem Angriff der 'rohen Gewalt' und der 'Hinterlist' zusammenbricht, aber 'den Himmel offen und den Menschensohn zur Rechten Gottes' erblickt. Der Pharisäer wendet sich gleichgültig ab, während Saulus als Widergeist, aber schon zweifelnd, an dem Mord teilhat. Die hereinschwebenden Gestalten der Kirche und der Synagoge verbinden zur höchsten Region. Der Bildhauer Joseph Henselmann aus München folgte einer alten Technik, indem er die aus Sumpfpappelholz gehauenen Gestalten mit gewalztem Silberblech bekleidete. Dem Lichterspiel auf der Gruppe zuliebe öffnete man zwei weitere der vom Barock versetzten elf gotischen Fenster.

Der einst reiche DOMSCHATZ enthält noch zahlreiche Kelche, Kreuze, Reliquiare, Monstranzen, Hirtenstäbe und Gewänder und wird künftig in einem Dommuseum ausgestellt werden.

Vier Kapellen im ehem. Kreuzgang bewahren sichtbar die gotischen Bauformen und sind besuchenswerte Räume. Auf der Ostseite liegt die ORTENBURGKAPELLE mit dem um 1430 errichteten Hochgrab des Grafen Heinrich v. Ortenburg (†1360) und seiner Gemahlin Agnes. Es folgt die dreischiffige, 1320 erbaute, 1961 vortrefflich erneuerte ST.-ANDREAS-KAPELLE, anfangs wohl Kapitelsaal, später Grabstätte der Domherren. Darin hat ein überlebensgroßer *romanischer Kruzifixus* (um 1090), Holzplastik aus einer Hofmarkkirche des Klosters St. Nikola, Platz gefunden. Die Kapelle dient als Werktagskirche des Domes. Auf der Westseite findet sich in der TRENBACHKAPELLE (1572, später verändert) das Hochgrab des Fürstbischofs v. Trenbach, anschließend in der LAMBERG-KAPELLE (1710) ein Altarbild von Martin Johann Schmidt aus Krems (18. Jh.). Neue Gitter an den sonst geschlossenen Kapellen ermöglichen einen Blick in die Räume.

Die sieben Glocken des DOMGELÄUTS bilden das ideale Septett in F, AS, B – c', es', f', as, worin die 1949 in Passau gegossene 'Pummerin' mit ihren 7 850 kg die tiefste Stimme innehat. Die 'Stürmerin', das As von 1733, wiegt 5 500 kg. Die übrigen Glocken entstanden 1898; zwei gingen im Krieg verloren, sind aber ersetzt worden. Auf St. Stephans Durgeläut sind alle Glocken der Passauer Kirchen abgestimmt.

7. Residenzplatz. Alte und Neue Residenz

Durch den südl. Domturm führt die Zengergasse an der alten Bischofsresidenz, jetzt Landgericht, entlang zum Residenzplatz. Dem Domquerschiff gegenüber wird die bayerische Herzogsburg (8. Jh.), später die königliche Pfalz (1035 erwähnt) und ab 999 auch der Sitz der Bischöfe gelegen haben. Die unregelmäßige, auf dem Abfall zum Innufer kräftig abgestützte Gebäudegruppe beginnt mit dem *Zengerhof,* der Binnenhofanlage eines Domherren, die 1580 in die Residenz einbezogen und nach dem Brand von 1680 von Bischof Sebastian v. Pötting wiederaufgebaut und barock ausgeschmückt wurde (sein aufgemaltes Wappen am Obergeschoß). Das Portal zieren die Wappen des Hochstifts und des Fürstbischofs Erzherzog Leopold (1598–1625).

Die eigentliche **Alte Bischöfliche Residenz** schließt sich um einen größeren Binnenhof, der Einblick gibt in die sich hier auf engstem Raum überbauenden Jahrhunderte. Aus einem in drei Geschossen hochgeführten Bogen ragen Teile der spätgotischen *Hofkapelle* heraus (15. Jh.); ihr Nordportal zur Gasse wurde barock umgestaltet. Das vordere *Säulenportal* trägt die Büste des Wiederherstellers Bischof Wenzel v. Thun (1670), ein zweites prächtigeres Tor führt zu der später veränderten und profanierten Hofkapelle. Auf ein *romanisches Eingangstor* zum LANDGERICHT folgt eine Treppe des 16. Jh., in der noch gotische Chorwände auftreten – aber der Gesamteindruck bleibt barock. Große Innenräume bewahren die selbstsicheren, eleganten Stuckarbeiten des Carlonekreises, ergänzt von verzierten Öfen, venezianischen Kronleuchtern und französischen Wandteppichen. In zwei Prunkräumen wurden Gerichtssäle eingerichtet; das schönste Amtszimmer hat der Landgerichtspräsident. Im östlich anschließenden Zwischenbau zur Neuen Residenz die ehemalige Hofbibliothek und darüber der Festsaal (Papstsaal). In diesen Räumen wird derzeit ein Dom- und Diözesanmuseum eingerichtet (Zugang durch den Dom). Durch einen Torbogen mündet die Zengergasse auf den Residenzplatz zugleich mit der Hofstiege, die vom Innrücktor in den Gewölben heraufführt und durch ein schmiedeeisernes Gitter (1770; J. Bergler) verschlossen werden kann.

Der **Residenzplatz, ein geschlossenes Rechteck, zu verkehrsarmer Zeit und nachts recht stimmungsvoll, wird vom hohen Domchor beherrscht, vom hellen Palast der Neuen Residenz an der Südseite begrenzt und von dunklen, ehemals großartigen Patrizierhäusern eingefaßt. Das ehem. *Hofkanzleramt* vor der Messergasse (1733), später fürstbischöfliche und dann königlich-bayrische Hauptwache, das sog. Marschallhaus, ist jetzt Wohnhaus des Bischofs. Im Erdgeschoß befindet sich das Büro der Dombauhütte. Diese steht unmittelbar vor dem Ostchor, dort lagern noch auf Jahrzehnte Blöcke istrischen Kalks, den zerbröckelnden Sandstein des gotischen Domes zu ersetzen. Das Ostgefälle des Platzes wird von der breiten Schale des *Wittelsbacherbrunnens* abgefangen, den die Madonna als Schutzherrin Bayerns krönt. Die drei Putti symbolisieren die drei Flüsse Donau, Inn und Ilz. Jakob Bradl aus München ersetzte 1903 zur 100jährigen Rückkehr Passaus nach Bayern den seit 1555 in der Platzmitte stehenden Vierröhrenbrunnen, der mit seinem Gewappneten, genannt "Liendl", 1969 in den Rathaushof zog.

Nachdem das Markten vor dem Dom 1253 ein Ende hatte, verlegte sich das Gewicht des alten Handelsplatzes zwischen die Domstadt im Westen und die Klosterstadt im Osten, die bis zur Marktgasse (gleich March, Mark, Grenze) reichte. Hier 'unter den Kramern' versammelten die Kaufherren und der Zunfthandel ihre gemeinsamen Einrichtungen, voran die *Fron* (Nr. 5; 1695), die seit dem 13. Jh. öffentliche Waage an der Ostseite des Platzes; daneben (Nr. 6; 1680) das alte Gasthaus *Zur goldenen Waage.* Inschriften verraten wirtschaftliche Wandlungen und wechselnde Platzgestaltung: Haus *Nr. 13* (Pietro Camuzzi; 1733) beherbergte seit 1582 nacheinander: eine Gewürzkrämerei (kleine Tafel), Gerstl. Kolonialwaren 1749 (Firmenschild), A. Gerstl/SPAR von 1970. Kaufbuden standen einst auch zwischen den Domchorpfeilern. Doch mit den Bauplänen des Kardinals v. Lamberg um 1700 fielen Renthaus, Kramhaus, Läden; und als unter seinem Neffen Johann Dominikus v. Lamberg 1730 der neue Prachtbau bezogen wurde, nannte man den Marktplatz 'Hofplatz'. Nun ist seine schöne Nordfront von den großen Schaufenstern des 20. Jh. aufgebrochen. Das prächtige Haus gegenüber der Residenz trägt oben in der Fassade eine Apostelfigur aus der Votivkirche und birgt unten im Keller eine *Diskothek* (Nr. 10). Am Platz einige kleine Cafés und Gaststätten. In der Innbrückgasse, die in steilem Anstieg von der 1143 erbauten Innbrücke zum Kramplatz heraufführt, der stimmungsvolle *Palaiskeller* (Nr. 7). An der Ecke zur Schustergasse (S. 67) eine neue Silberschmiede.

Die **Neue Bischöfliche Residenz** ist ein stattlicher Barockbau, der 1712 vermutlich von Domenico d'Angeli und dem wiener Theateringenieur Antonio Beduzzi begonnen, 1730 abgeschlossen, dann durch Melchior Hefele aus Wien um 1770 unter Fürstbischof Kardinal Leopold v. Firmian frühklassizistisch vollendet wurde. Er erhielt eine monumentale Fassade mit zwei bildhauerisch behandelten Balkonen (1771; J. Bergler) über den in der großen Pilasterfolge weit nach außen gerückten Eingängen. Das Kranzgesims bekam allegorische Figuren in den Balustradengiebeln und Reliefs mit Symbolen der 'guten Herrschaft'. Hinter dem rechten Portal wurde (1768) ein *Stiegenhaus* im Viereck um einen freien Kern geführt; fantasievolle Stuckranken überziehen mit der flammenden Rocaille des hohen Rokoko Wände und Decken (J. B. Modler), und laternentragende Putten schmücken die Geschoßbalustraden (Bergler); das Ganze überwölbt von einem großartigen Deckenfresko: die Götter des Olymp huldigen dem unvergänglichen Passau (J. G. Unruh aus Passau). – Im Erd- und 1. Obergeschoß befindet sich das Bischöfl. Ordinariat. Die Räume des 2. Obergeschosses, in denen bis vor kurzem das Präsidium der Universität untergebracht war, werden renoviert und dienen dann als Amtsräume des Bischofs und des Generalvikars; die Prunksäle an der Nordseite können erst nach der Renovierung zugänglich gemacht werden.

Seit 1973 wird an der Bewahrung und Erneuerung des Baudenkmals unter großem technischen Einsatz gearbeitet. Mit Wasserstrahlen wurden die Außenwände gewaschen, die Portalsteine wurden ausgewechselt, die zerbröckelnden Sandsteinfiguren des Dachgesimses in Kunststein nachgegossen und für die nun 2 t schweren Gestalten neue Standlager geschaffen. Die schützende Patina am

Bleischmuck auf Engeln und Girlanden der Balkone blieb erhalten. Die wiederhergestellte Grundfarbe ist ein mattes Grün, das mit dem warmen, gebrochenen Weiß und dem leicht rötlichen Untersberger Marmor wechselt.

Zwei weitere Gebäude, die Redoute und das Stadttheater, unterhalb der Residenz mit ihrer Front zum Inn gerichtet, sind nach Zweck und Baustil ein Teil der fürstbischöflichen Anlage. Man gelangt zu ihnen über die Hofstiege oder die Innbrückgasse hinunter. Auf dem zerstörten Brückenansatz vor dem Innbrücktor schauen Reste des *Firmianbrunnens* aus der Brüstung, den Kleinläden gegenüber. Eine Steintafel an der Hausmauer zeigt, wo die Straße einst eintrat. Ein schöner *Blick auf die Innstadt und Mariahilf geht über den Strom; Treppe zum Innkai.

Das **Redoutengebäude** ließ Fürstbischof Kardinal Johann Philipp v. Lamberg aufführen und mit einer Gartenterasse krönen, jener 'sala terrena' seines Gästehauses, weithin als 'die hängenden Gärten des Passauer Fürstbischofs' berühmt. Unter seinem Nachfolger Auersperg erhielt der Bau 1784 einen großen Saal in klassizistischer Ausstattung und jene alte Bezeichnung für 'gesellschaftliche Veranstaltungen'. Er ist heute in den Großen und den Kleinen Redoutensaal für Passauer Festlichkeiten geteilt. Im Westflügel des Erdgeschosses ist die (städtische) *Europabücherei* untergebracht (s. S. 11).

Das **Stadttheater,** das mit dem Redoutengebäude verbunden erscheint, ist aus einem Ballhaus (Ballspielhaus) des 16. Jh. im Jahr 1783 in ein fürstbischöfliches Opernhaus umgestaltet worden (Hofbaudirektor G. Hagenauer und Hofmaler F. Petzka). Die festliche **klassizistische Ausmalung* wurde bei der Erneuerung 1960 wiederentdeckt und nach ihrem Vorbild das ganze Haus einschließlich der alten Logeneinbauten neu geschaffen. Der nach Art eines arkadengesäumten Hofes schmale hohe Theatersaal mit einem 1961 in Lyon nach einer alten Vorlage gewebten Hauptvorhang ist eines der wenigen erhaltenen Theater vor 1800.

Passaus THEATERGESCHICHTE begann unter Fürstbischof v. Firmian 1771 mit einem Hofkomödien- und -Hofopernhaus, das nur der Hofgesellschaft offenstand. Das Zeitalter der Aufklärung wandelte es in eine 'moralische Bildungsanstalt', und eine Kindertruppe eröffnete die neue Epoche 1783 mit der Oper 'Alceste' (Text von Wieland). In den Besitz des Staates gelangt, hieß es ab 1803 'Churfürstliches', dann 'Königliches Theater' und wurde 80 Jahre lang an ständig wechselnde Direktoren verpachtet. Im Kulturkampf 1869–72 setzte es sich mit antiklerikalen Stücken ein, führte andererseits Operetten von Offenbach und Suppé auf. Nach dem Ankauf durch die Stadt

1883 blieb es bei der leichten Muse. Possen von Nestroy, Dramen von Anzengruber und Gastspiele berühmter Künstler auswärtiger Hoftheater hielten sich bis zum Weltkrieg. 1952 erfolgte die Gründung des 'Südostbayerischen Städtetheaters' (Landshut-Passau-Straubing), dessen musikalische Abteilung ihren Sitz in Passau hat, während das Sprachensemble in Landshut sitzt. Vorstellungen finden regelmäßig am Wochenende statt. Das Programm umfaßt klassisches und modernes Theater, Oper und Operette, aber auch Theater für Kinder.

8. Rathaus und Rathausplatz

Das **Rathaus** wurde während des 200jährigen Kampfes der Bürger gegen ihre Fürsten und Bischöfe dreimal gegründet. Sein Archiv bewahrt den "Bernhardinischen Stadtbrief" von 1299, die älteste deutsche Rechtsurkunde städtischer Freiheiten. Der spätgotische Saalbau von 1405 mit seiner Front zum Rathausplatz an der Donau, Fischmarkt von 1000 bis 1842, ist der Hauptbau der vielteiligen Anlage, die bis ins 19. Jh. hinein erweitert und verändert wurde. Sieben mittelalterliche Häuser dienen heute auf vier Ebenen modernen Amtsstuben, die durch Treppen, Gänge und Arkaden –für den Besucher verwirrend– miteinander verflochten sind.

Der RATHAUSTURM mit neugotischem Zierrat und einer malerischen Haube schließt die auf den Rathausplatz zulaufenden Gassen. Sein baufälliger Vorgänger wurde 1811 abgetragen und 1888–1893 nach dem Plan des Dombaumeisters Heinrich von Schmidt aus München ein neuer Turm errichtet (2; Tafel). Das große Turmzimmer nahm das später in die Veste Oberhaus verlegte Museum auf. Die Fresken am Uhrengeschoß verwitterten schnell und mußten 1950 durch Sgrafittoschmuck von Prof. Grossmann aus München ersetzt werden. Die *Hochwassermarken* am Turmfuß (3) zeugen eindrucksvoll von den Überschwemmungen, denen die tiefgelegenen Stadtteile ausgesetzt waren. Das *Bronzerelief* (5) erinnert an 'Sissi', die Wittelsbacher Prinzessin Elisabeth und spätere Kaiserin von Österreich, die auf ihrer Brautfahrt nach Wien im April 1854 in Passau das Schiff bestieg (5; Jakob Bradl aus München, 1904).

Den SAALBAU heben die venezianisch beeinflußten Maßwerkfenster und ein gotisches Portal (1425) heraus; darüber halten zwei Löwen das Stadtwappen (8,9). Die Erstbemalung durch die Passauer Maler Fueder und Frueauf von 1471 ging verloren, die 1922 frei erneuerten Gestalten zeigen Kaiser Ludwig den Bayern (†1347) mit seinen vier Kurfürsten vor dem Stadtbild nach Schedels Ansicht von 1493 (J.

Hengge aus Kempten). Die offene Laube als Verbindungsglied zum Turm fügte das 19. Jh. an.

Als Passau die Fremden anzuziehen begann, richtete die Stadt 1885 einen RATSKELLER (10) ein. Das romanische Erdgeschoß hatte ursprünglich dem Salzhandel und seiner Maut, später der Münzstätte gedient; 1890 wurden die Kellergewölbe von dem Passauer Historienmaler Ferdinand Wagner ausgeschmückt. Das Hochwasser von 1954, dessen Stand in der Gaststube 3,20 m über der Diele angezeigt ist, zerstörte die Ausmalungen, ausgenommen die Geschichtsbilder im Mittelzimmer und die Bildnisse von ihm selbst und Anton Niederleuthner. Walter Mauder aus Zwiesel schuf 1955 ein Spottbild auf den Tölpel mit dem bekannten Vers (vgl. S. 31).

In der Schrottgasse besitzt das ehem. Domherrengebäude (Nr. 3; 1682) von Barth. Opstal, das Dikasterialgebäude der kirchlichen Vermögen, hinter seinem barocken *Portal* (11) ein schönes Treppenhaus und beherbergt im zweiten Stock das Amtszimmer des Oberbürgermeisters mit einer wertvollen Stuckdecke von Paolo d'Allio (1681).

INNERES. Das Hauptportal (1) in der Schrottgasse entstand später als das gotische STIEGENHAUS (1446); es trägt ein **Steinrelief* mit einer Wappenhalterin, Patavia zwischen den Vertretern des inneren und äußeren Rates, die dem Kreis um Nik. Gerhaert von Leyden (um 1480) zugeschrieben wird. Im Eingang l. befand sich eine Gefängniszelle; r. ist an einer Zellentür die Warnung vor dem *roten Hut* zu lesen (12; 1546); im Hof steht seit 1969 der alte *Lindlbrunnen,* der mit seiner steinernen Rolandsfigur seit 1555 den Residenzplatz geschmückt hatte und 1932 auf dem Oberhaus abgestellt worden war.

HAUPTGESCHOSS. Die Schlußsteine des prächtigen Netzrippengewölbes (16) zeigen das Stadtwappen, laubumrankte Gesichter und den Stadtschutzheiligen Stephan inmitten von Engeln mit Ratsherrenwappen. Den *Großen Ratssaal* erhellen sechs Farbglasfenster (1889). Der Raum war ursprünglich flach gedeckt und wurde nach dem Stadtbrand von G. B. Carlone durch Barocksäulen in zwei Schiffe geteilt und mit je drei flachen Jochen überkuppelt. Ferdinand Wagner bedeckte Wände und Decken zwischen dem barocken Marmor und Stuck mit geschichtlichen Kolossalgemälden in der Sicht des 19. Jahrhunderts. Das eine (17) zeigt, wie Kriemhild auf ihrem Weg von Burgund zur Hochzeit mit dem Hunnenkönig von ihrem Oheim, dem Bischof Pilgrim, durch das Paulustor geleitet wird. Dieses ist das 21ste Abenteuer des Nibelungenliedes, das ein Dichter am Fürstbischofshof zu Passau 1195 niederschrieb und offensichtlich mit Ortskenntnis auf seine Zeit bezog. Das andere (18) zeigt Kaiser Leopold I. auf seiner Hochzeit 1676 mit der Wittelsbacher Prinzessin Eleonore von Pfalz-Neuburg auf dem wohl größten Fest, das die Stadt je feierte. Sieben Jahre später flüchteten der Kaiser und sein Hofstaat vor den Türken

AUSSEN:

1 Wappenhalterin und neues Portal um 1510
2 Baumeistertafel 1891
3 Hochwassermarken
4 Bayer. Staatswappen 1891
5 Elisabeths Brautfahrt
6 Wappen
7 Kaiser u. Kurfürsten 1922
8 Stadtwappen um 1425
9 Gotisches Portal 1425
10 Ratskeller (Wandgemälde)
11 Barockes Portal 1682

INNEN (Erdgeschoß):

(12) Roter Hut, Zellentür 1546
(13) Schmiedegitter 17. Jh.
(14) Rolandsbrunnen M. 16. Jh.
15 Geschichtstafel, Stadttrophäen
16 Netzrippengewölbe 1446

RATSSÄLE (Gemälde):

17 Kriemhilds Einzug
18 Kaiser Leopolds Hochzeit
19 Passaus Wappenmythos
20 Passauer vor König Max 1803

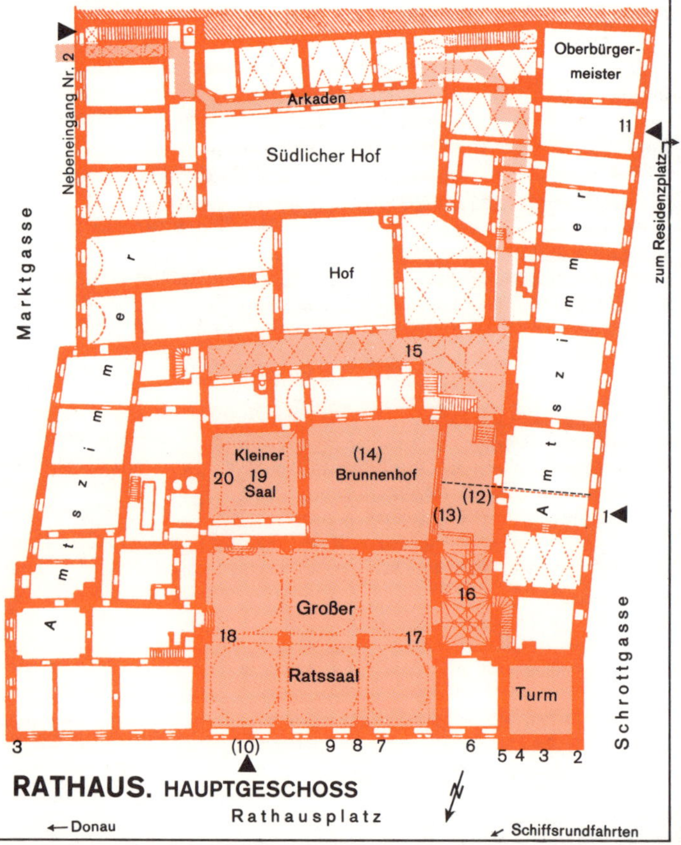

RATHAUS. HAUPTGESCHOSS

aus Wien nach Passau. Auf den restlichen Flächen sind allegorisch Passauer Wirtschaft und Kultur dargestellt. – Im *Kleinen Ratssaal,* in dem die Stadtverordneten zu tagen pflegen, verherrlicht ein Deckengemälde (19) die Verleihung des Wappens mit dem roten Wolf an die Stadt der drei Flüsse durch Fürstbischof Wolfger (1191–1204). Im Wandbild (20) huldigen Passauer Bürger König Max v. Bayern, dem sie 1803 wieder untertan wurden. Passaus Stadtbild vor den Bränden und eine Stadtansicht von Westen von 1885 bieten sich zum Vergleich an. Der große Kachelofen im Renaissancestil ist eine Nachbildung. Die im 16. u. 17. Jh. beim An- und Umbau geschaffenen *Arkaden* lohnen den Rundgang; Schmuckgitter im Treppenhaus zur Marktgasse. Zugänglich sind die Rathaussäle im Rahmen von Stadtführungen oder im Anschluß daran (werktags 11–12 und 15–16 Uhr). Außerhalb dieser Zeiten kann man beim Hausmeister läuten. – In dem zur Donau gewandten *Scharfrichterhaus,* Milchgasse 2, befand sich 1200–1443 das Stadtgerichtsgefängnis; heute ist in dem Gewölbekeller eine *Kleinkunstbühne* eingerichtet. Alljährlich im November finden hier die Deutschen Kabarettage statt (Café).

In den Kaisersälen des Hotels 'Zum Wilden Mann' ist ein *Glasmuseum* zu besichtigen. Es zeigt Glaskunst aus Böhmen, Bayern und Österreich, Hinterglasbilder, aber auch sakrale Kunst.

Das **Zollamtsgebäude** schließt an der Ostseite den Rathausplatz ab; es wurde 1849 anstelle des mittelalterlichen Tanzhauses der Stadt zur Abfertigung der Personenschiffahrt nach Wien errichtet. Ein Schüler Gärtners gab dem großen klassizistischen Bau eine ausgewogene Gestalt. 1819 war der Platz zwischen dem Tanzhaus und der Höllgasse von der den Fischmarkt absperrenden Stadtmauer befreit worden. – Dem Hauptzollamt Passau unterstehen drei Zollkommissariate in drei Grenzbereichen von Simbach am Inn bis zum Dreisesselberg mit 19 Zollämtern, darunter fünf an Landstraßen. Hinzu kommen das Bahnhofszollamt und das Hafenzollamt auf der Donaulände, im internationalen Verkehr allerdings weniger wichtig seit der Entwicklung Regensburgs. Im Stadtkreis bestehen fünf Straßenzollämter aus der Innstadt ins benachbarte Österreich: Achlaiten, Haibach, Saming, Mariahilf und Voglau.

9. Altstadtgassen. Innkai. St.Michael

In Passaus berühmter *Altstadt leben zwischen dem Paulusbogen und dem Dreiflußeck rd 4 800 Menschen. Sie wirkt auf Fremde malerisch und staunenswert, doch wird sie unsere Zeit nur unter großen Aufwendungen einholen. Einige kaufmännische Büros, ein paar Anwälte und Ärzte haben sich darin niedergelassen. Dem allgemeinen

Zug, modern in alten Häusern zu wohnen, stehen die Winternebel entgegen, die die tiefliegende Stadt einhüllen können und der Zahn der Zeit, der an den Gebäuden nagt. Im Sommer mischt sich reges Eigenleben mit den Besucherströmen, die zwischen Dom und Dampfer über den Residenzplatz hinwegziehen. Dem aus Linz stammenden Dichter des Böhmerwaldes, Adalbert Stifter (1805–68), wurde am Haus seiner sechs Aufenthalte, Steinweg 6, eine Tafel gestiftet, in der Kl. Messergasse 14 den Malern der Donauschule Frueauf, Vater und Sohn (15./16. Jh.).

Von der Längsachse (Steinweg, Messer- und Schustergasse) zweigen zehn schmale, steile Gassen zur Donau hinunter. Von den sog. 'Kühbögen', die mit ihren Mauerstrebebögen ein südländisches Gassenbild schaffen, heißt der bildgeschmückte in der Pfaffengasse 'Christopherusbogen'. – Wo hier der Seminarbogen des Seminars St. Max (im Domkreuzgang) die Große Messergasse überwölbt (Nr. 14), stellt eine *Glashütte* aus Eging im Bayer. Wald mundgeblasene und veredelte Gläser aus, Nr. 10 eine *Trachtenstube* handgearbeitete Dirndl und Schmuck. Im Haus Nr. 2 versieht die *Stadtapotheke,* gemäß dem Auftrag des Rates von 1407, 'Bürger und Fremde genugsam mit Arzneyen'. Im gleichen Haus eine kleine moderne Kunstgalerie.

Cafés und Eisdielen finden sich über die Altstadtgassen verstreut, hinunter zu der Höllgasse (= Sumpf) Bier- und Weinwirtschaften mit Gaststuben, die noch nach Schiffsvolk aussehen. Wie meist im Innviertel läuft der gewölbte Gang bis zur Wasserfront hindurch und endet wohl auch in einem hochgelegenen Garten, das heißt einem Schankgarten, wenn es eine Gastwirtschaft ist wie der 'Blaue Bock' (Höllgasse Nr. 20). Allerdings sind die meisten Gebäude in einem sanierungsbedürftigen Zustand. Sie sollen abgerissen und im alten Stil neu aufgebaut werden. Die Bevölkerung wurde bereits umgesiedelt. Ecke Schrottgasse stand die *Schranne,* Getreidemarkt ab 1255, aber auch Gerichtshaus gegenüber dem Rathaus mit dem Pranger, was über bayerisch: schreiat' = schreien zum Gassennamen führte.

Zum Inn hinab ist das Gassengewirr kürzer und kleiner. Unregelmäßig beginnt es in der Innbrückgasse r. neben dem *Residenzcafé* mit dem nur schulterbreiten Zinngießergäßchen. Diese Seite kennt keine Kneipen, aber gut instand gesetzte Bürgerhäuser, und wird von der besuchenswerten *Inn-

promenade begrenzt, auf der man in 10 Min. zum Dreiflußeck spaziert, der Biegung des raschen Flusses folgend. Man blickt r. auf die lebhafte Stadtlandschaft, l. auf die Paläste des Amtsgerichtes, des ehemaligen Jesuitenkollegs und der Burg Ort. Die mächtige Innseite des Kollegs ist in sechs stockwerkhohen Nischen mit Malereien geschmückt (vgl. S. 68). Aus dem Wasser ragt der **Schaiblingsturm** (14. Jh.) der ehem. Schutzbefestigung um den sich früher anschließenden Salzhafen, mit einer Malerei, den Hll. Nikolaus und Christophorus von Rueland Frueauf d. Ä. (†1507), wasserwärts geschmückt.

Die Schustergasse ist mit Andenken- und Geschenkläden bis ans Ende auf Fremde eingestellt, auch die Eisdiele *Portofino* und das Rest. *Zur Krone;* alte Wachskunst wird von *Strasser* (Nr. 6) mit uralter Lebzeltergerechtigkeit ausgeübt, in der *Töpferei Frimberger* (Nr. 15) arbeitet für Keramik und Volkskunst ein hauseigener Brennofen; das Passauer handgewebte Leinen fehlt nicht (Fuchs, noch Residenzplatz *Nr. 1*) in der ehem. fürstbischöflichen *Pagerie,* deren prächtige Barockfassade in die Schrottgasse blickt. Große Bauten liegen zwischen den alten Häusern.

Das **Amtsgericht** (Nr. 4) besitzt einen Bau von 1590, den der Domherr Graf Herberstein 1662 zum stolzen Wohnpalais herrichtete. Der schöne Flur im ersten Stock und der *Arkadenhof* sind frei zugänglich. Die Schauseite geht zum Inn: zwei mächtige vierstöckige Flügel werden in den drei unteren Stockwerken durch Bogengänge verbunden. Dahinter liegen Säle mit barocken Stuckdecken und kunstvollen Türen; der *Gartensaal* besitzt ein Fresko von 1725.

Die **Studienkirche St. Michael,** mit ihrem Portal und Anbau ein Plätzchen bildend, dient heute auch kirchlichen Kunstausstellungen und Kirchenkonzerten. Hier war die Jesuitenkirche des frühen 17. Jh. dem Stadtbrand zum Opfer gefallen; 1677 erneuerte man sie als Passaus bedeutendstes Barockwerk nächst dem Dom. Der Grundriß zeigt auch die Großartigkeit des neuen Baustils. Pietro Francesco

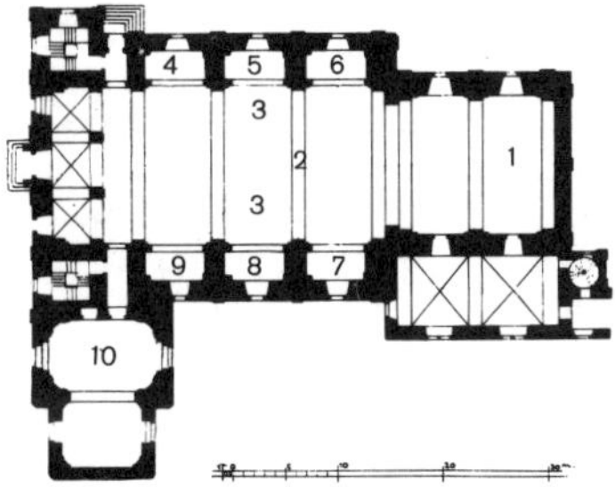

1 Hochaltar „Engelssturz", 1714
2 Kanzel, um 1715
3 Gestühl (u. Altäre), 1677-83
4 Joh.-Nepomuk-Altar
5 Josephsaltar
6 Marienaltar
7 Ignatiusaltar
8 Leopoldaltar
9 Judas-Thaddäus-Altar
10 Xaveriuskapelle, 1730

Carlone und Sohn Carlo Antonio entwarfen die zweitürmige Wandpfeilerkirche mit sechs Seitenkapellen. Sie begrenzten klar wie an italienischen Palästen waagerecht die Geschosse und paßten den Bau dem kastellartigen Kolleggebäude an. Der Fürstbischof bestand auf zurückhaltenden Turmbedachungen, um die Würde des Domes nicht zu beeinträchtigen, so ergänzt die Studienkirche das Stadtbild vorteilhaft.

Der Schmuck im INNERN (G. B. Carlone) spart die große Tonnendecke aus und lebt um so mehr auf in den Gewölbegurten, Fensterumrahmungen, Seitenkapellen und Emporenbrüstungen. Der von Pawanger 1712 aufgemauerte *Hochaltar* geht auf den Breslauer Jesuiten Christoph Tausch zurück; die *Altartafel* 'Sturz der Engel' ist 'Carlo Innocenzo Carlone P 1714' gezeichnet. Zur Kanzel (1720) und den Seitenaltären haben L. u. M. Högenwald beigetragen. In der *Franz-Xaverius-Kapelle* (um 1730) an der Südwand ist schönster Frührokokostil zu sehen. Die *Sakristei* zeigt kräftige Stukkaturen wie die von St. Nikola und bewahrt ein reich geschnitztes Schrankwerk (1680). – Der Kirche gegenüber wurde das alte *Haus Nr. 17* wohl hergerichtet (1682/1973), in dem auch die Ladenfront annehmbar erscheint. – Die Schustergasse knickt vor dem 1612 begonnenen Jesuitenkolleg als Michaeligasse nach Norden zur Donau ab und setzt als Bräugasse den Lauf zur Ortsspitze fort.

Im ehem. **Kollegium** gruppieren sich die *katholisch-theologische Fakultät* der Universität (s. unten) und das *Gymnasium Leopoldinum* um eine frühbarocke Hofanlage mit prächtigen Arkadengängen; in der Mitte des Vierecks die *Büste des Erzherzogs* Leopold Wilhelm v. Österreich (†1632). Den Gesamtplan entwarf 1613 Pater Johannes Isfording aus Münster. Vom Inn aus gesehen wird die architektonische Dominante des Komplexes neben dem Dom besonders anschaulich und verdeutlicht ihren ehemaligen Anspruch, eine 'geistliche Hochburg' im sprichwörtlichen Sinn zu sein. Die barocken Fassadenmalereien beleben drei Geschosse, Stuckaturen des 18. Jh. schmücken das Treppenhaus und einen überraschend schönen Saal, heute *Schulaula,* mit marmornem Waschbecken davor. Seit 1611 spielt das erste Passauer Knabengymnasium Leopoldinum als humanistische Bildungsstätte (heute 700 Schüler) eine Rolle im Schulleben der Stadt. Der 1680 von den Jesuiten eingerichtete *Uhrturm* wird von der Hochschule als Sternwarte benutzt; den Hof zerteilt leider ein naturwissenschaftlicher Trakt (1977). In der reichen Schauseite zum Inn überdauerten sechs *Nischengemälde,* deren viertes von links Leopold III. darstellt, darauf folgen Maria und St. Nikolaus (1881 übermalt).

Durch den kleineren Hof gelangt man im dritten Stock in einen erlesenen *Rokokosaal* der Holzingerschule (um 1740) und Räume, die 1972 die *Bischöfl. Ordinariats- und Seminarbibliothek* mit ihren 60 000

Bänden aufgenommen haben (nicht zugänglich). Der nördl. angelehnte Kolleg- oder Wohnbau der Jesuiten wurde 1913 mit Jugendstilarchitektur im Innern neu ausgeführt und beherbergt die vom Bayerischen Staat 1833 ins Leben gerufene Philosophisch-theologische Hochschule, die 1980 als **katholisch-theologische Fakultät** in die Universität Passau integriert wurde. Ihre Seminare und Institute, darunter das *Institut für Ostbaierische Heimatforschung,* besitzen rd 44 000 Buchbände. Dieses Institut, unterstützt vom gleichnamigen Verein, ist gleichzeitig Bestandteil der Universität, eine nicht alltägliche Kombination, die seine Bedeutung unterstreicht. In der Jesuitengasse steht in der Nordostecke der Eingangsseite eine *Madonnenfigur* aus Stein von Andreas Erbacher (1725).

Nördlich gegenüber, im ehem. Seminargebäude der Jesuiten, befindet sich seit 1972 die **Staatl. Bibliothek,** nachdem der ursprünglich nur zweigeschossige Bau als städisches Leihhaus und später als Gewerbeschule benutzt worden war. Im Umbau gelang es, ‘einen der schönsten Innenhöfe nördlich der Alpen’ in einen stilvollen, modernen **Lesesaal* mit Oberlicht und 60 Arbeitsplätzen zu verwandeln. Hier sind insgesamt etwa 140 000 Bände aufgestellt, und Raum ist für 250 000. Im ehem. *Speisesaal* des Priesterseminars, unter einem schön stuckierten Gewölbe, werden bibliothekarische Kostbarkeiten ausgebreitet. Der Bestand an Handschriften beträgt 127 und an Wiegendrucken 315. Das 20 Zentner schwere *Portal* zeigt in Allegorien die unermeßliche Fülle des menschlichen Wissens, von Andreas Rauch aus München 1972 in Bronze gegossen.

10. Kloster Niedernburg. Ort. Dreiflußeck

Die unregelmäßige Anlage des ‘uralt kaiserlichen’ Benediktinerinnenstiftes **Kloster Niedernburg** wird von ihren hohen Mauern und Gebäuden ringsum abgeschirmt; lediglich zum rückwärtigen Teil der KIRCHE HL. KREUZ hat man durch das neuromanische Portal zwischen den 1863 erhöhten Türmen ohne Begleitung Zutritt. Die kreuzförmige Basilika entstand um 1010, der heutige Bau im 13. Jahrhundert. Ein Vorgängerbau, der bis in frühchristliche Zeit zurückreicht und auf spätrömischen Fundamenten ruhte, wurde durch die archäologischen Grabungen der Jahre 1978–80 nachgewiesen. Die Vorhalle trägt den alten Nonnenchor; das siebenjöchige Langhaus erhielt nach dem Stadtbrand barocke Wölbungen und Pilaster. Aus Klausurgründen hat man 1572 die Querschiffe, später auch den gotischen Chor von 1467, in zwei Geschosse unterteilt. Die jüngste umfassende Restaurierung (abgeschlossen 1982) hat dem Ostchor die gotische Gestaltung zurückgegeben und über dem modernen Tabernakel von Andreas Sobek einen romanischen Steinbaldachin, der bei Grabungsarbeiten zum Vorschein gekommen war, wiederaufgestellt. Altartisch, Ambo und Priesterbank sind Bildhauerarbeiten der Passauer Künstlerin Marianne Wimmer.

Das nördl. Seitenschiff beginnt mit der spätgotischen *Erasmuskapelle* (1410) unter zwei Jochen mit zeitgenössischen Wandfresken, Taufstein und Pietà von 1430. Im südl. Seitenschiff baute man 1360 die Nebenapsis zur *Parzkapelle* (= Buckel, vom gneisfelsigen Untergrund) um. Dort steht das spätgotische **Hochgrab der seligen Königin und Äbtissin Gisela von Ungarn* († 1060). Spitzbogige Arkaden tragen eine Grabmalplatte (Kenotaph) mit einem Vortragekreuz und zwei Wappenhaltern aus rotem Marmor (um 1420); darunter liegt die romanische Grababdeckung mit den gleichen Zeichen kaiserlicher und kirchlicher Würde. Das *Hochgrab (Tumba) der ersten Äbtissin Heilika* ist schlichter. Eine kirchliche und historische Kommission bestätigte 1908 an den Grabresten, daß in der Tat Gisela, die Schwester Kaiser Heinrichs II., 'eine schlanke Frau von grazilem Körperbau im Alter von etwa 70 Jahren', hier beigesetzt wurde. Unter weiteren *Grabsteinen des 14. bis 17. Jh.* sind der des Bürgermeisters Endl (†1516) von Jörg Gartner und der des Sigmund Steinhauf (†1544) sehenswert.

Im Mittelgang das bei Grabungsarbeiten 1979 wiederaufgefundene Grab des armenischen Erzbischofs Gregorius (†1093).

Bemerkenswert sind unter den Ausstellungsstücken, die nach der Wiederherstellung 1980 neu aufgestellt wurden: eine Marienfigur von 1490 (wahrscheinlich eine fränkische Arbeit), eine Rokokostatuette des St. Pantaleon, Barockbüsten der hll. Benedikt und Scholastika, eine sitzende Sandsteinfigur (1420) einer gekrönten Äbtissin mit einem Kirchenmodell in der Hand, eher als hl. Hedwig denn als Gisela zu deuten, eine steinerne Madonna in der Parzkapelle und ein ausdrucksvoller altbayerischer Gekreuzigter (1508), der als Hochaltarkreuz den Stadtbrand überstand.

Zur zweiten KLOSTERKIRCHE ST. MARIEN, um 1150 erbaut, seit 1662 Ruine, führt nördl. der Sakristei (Klausur) ein verbindendes Langhaus (E. 15. Jh.) mit Kreuzrippengewölben, in dem sich 1567, nach der Legende, ein Marienwunder vollzog: eine schifferlos auf der Donau angeschwommene Madonnenstatue stellte sich selbst darin auf, was damals Anlaß zum Namen 'Mariaschutzkirche' gab und weshalb man die später dort eingerichtete *Aula des Instituts* (1950) 'Marienhalle' nannte. Ihr Ausbau bezog das romanische Gewändeportal oberitalienischer Prägung ein und legte in der Vorhalle zwischen den Turmstümpfen spätromanische Gewölbemalereien frei.

Die GESCHICHTE des Frauenklosters beginnt wohl im 8. Jh. als Kanonissenstift; 1010 wurde es zur unmittelbaren, kaiserlichen *Reichsabtei* erhoben.

Heinrich II., der Heilige, schenkte der ihm verwandten Äbtissin Heilika (†1020) zu Niedernburg (urbs inferior = die untere Stadt Passau) das Gebiet mehrerer heutiger Landkreise von Vilshofen bis in das oberösterreichische Mühlviertel. Gisela, die dritte Äbtissin und Urgroßnichte des Sachsenkaisers Heinrich I., ehelichte um das Jahr 1000 den von Bischof Pilgrim getauften Ungarnkönig Stephan (später der Heilige) und führte in ihrem Gefolge die Heidenbekehrer und Ostpolitiker des Hl. Römischen Reiches Deutscher Nation nach Ungarn. Hier fällt Licht auf die Ostrichtung der Kirche, die vom Passauer Stephansdom zur ungarischen Stephanskrone, in der Kunst vom Nibelungenlied zum Wiener Stephansdom führt. Als Königinwitwe unterlag Gisela im Missionskampf den einheimischen Gegenkräften, bis Kaiser Heinrich III. sie aus der Gefangenschaft befreite und in das Kloster Niedernburg heimführte (1042, gest. 1060). Daß die Ungarn in der Nachfolgezeit doch katholische und nicht byzantinische Christen wurden und ihr Blick sich bis heute dem Westen zuwendet, ist dem Wirken der großen Frau zu verdanken, wovon sowohl mittelalterliche Wallfahrten an ihr Grab wie die heute noch von ungarischen Besuchern niedergelegten Blumen zeugen. Seit 1976 wird Gisela in der katholischen Kirche als »Selige« verehrt.

Niedernburgs Reichtum beruhte auch auf der Maut (= Zoll) des Warenverkehrs über den Goldenen Steig ins böhmische Becken, dem Marktzoll in seinem Stadtgebiet und der Wassermaut an der Innlände. Als der Staufenkaiser Barbarossa das 'Land der Abtei' und alle Zollrechte dem Passauer Bischof (1116) zu eigen gab, sank das Stift zu einem unbedeutenden *bischöflichen Eigenkloster* herab, während sich auf seinem Besitz das Hochstift Passau aufbaute. Das Kloster hatte vermutlich bereits zu Anfang des 11. Jh. die Regel des hl. Benedikt angenommen. Es erhielt 1198 die böhmische Maut zurück und gebot über die Fähre zur Ilzstadt. Durch bauliche und geistige Erneuerungen erholte es sich zu Anfang des 16. Jh.; die Wallfahrten zum Giselagrab nahmen zu, eine Gnadenstätte in der Mariaschutzkirche wurde nach 1567 weithin bekannt. Die Aufhebung 1806 brachte den Auszug der Nonnen. Dann übernahm ein im 19. Jh. willkommener Schul- und Erziehungsorden 1836 die Anlage; das *Institut der Englischen Fräulein* (Maria-Ward-Schwestern) mit Internat führt ein Gymnasium und eine Realschule für Mädchen; 1985/850 Schülerinnen. In Abschnitten wurden die alten Bauten modernen Schulanforderungen angepaßt.

Der Stadtteil * Ort (= Landende) reicht vom Kloster Niedernburg bis zum letzten Haus im Dreiflußeck. Das Gassengewinkel war einst das Wohnviertel flußfahrender Salzherren, und die mächtigen Gewölbe dienten den Kaufleuten für das ins Haus einzufahrende Kaufmannsgut. Mit zunehmender Hingabe an ihr 'Örtel' haben die Besitzer ihre Häuser verschönt. Drei Gasthäuser laden ein, und die neue Schiffsanlegestelle bringt Betrieb in das sonst ruhige Viertel. Von der Hängebrücke aus führt die Bräugasse (Brauerei um 1300) hinein, zwar fahrbar und mit bescheidenem Parkraum am Ende, aber man geht sie besser zu Fuß. Sie beginnt mit dem Internat der Handelsschule Pindl, die an ihrem Neubau geschmiedete Balkongitter mit Brauzeichen von 1803 und eine *Tafel* für den Gründer der Löwenbrauerei Passau anbrachte. Dann läuft sie längs der nördl. Klostermauer. Gegenüber Haus Nr. 17 bildet das abgetragene Kirchenlanghaus St. Marien eine platzartige Erweiterung, und die Gebäudewände lassen romanisches Chorgemäuer heraustreten.

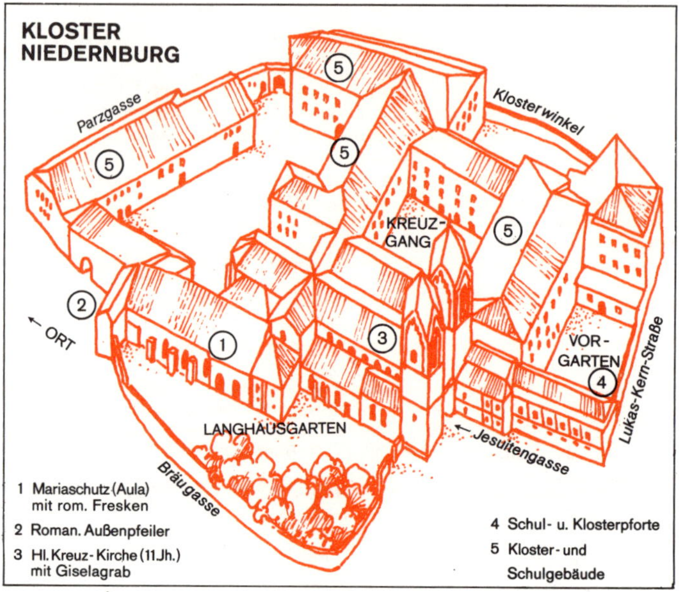

VESTE OBER- UND NIEDERHAUS

Im ORT auf einem schmalen, zur Donau und zum Inn abfallenden Platz, fällt der **Blick über den Donaustrom* auf die Mündung der Ilz, umrahmt von einer Stadt- und Burgenarchitektur, die in Deutschland nicht ihresgleichen hat; nach Süden blickt man halb auf die ferne Mariahilfkirche, halb auf die Häuserzeile, die hier bis zum 13. Jh. einem Donauarm, dem 'Tümpfel', folgte.

Die bemalte Fassade des **Städt. Bürgerlichen Waisenhauses** schiebt sich ins Bild, das der Schiffsmeister und Braunbierwirt zur goldenen Sonne im Sand, Lukas Kern und seine Frau Theresia, 1749 mit 50000 Gulden stifteten. Gleich nach seinem Tod ließen die Vollstrecker seines lesenswerten letzten Willens durch I. M. Schneitmann einen Vierflügelbau um einen kleinen Hof errichten, die Innengänge der zwei Stockwerke des Hochwassers wegen auf Granitpfeilern. Die 1763 geweihte HAUSKAPELLE wurde von unterstützungsfreudigen Bürgern zu einem Kleinod des Rokoko ausgebildet. Hinter dem hoch hinauf bemalten Portal liegt ein anheimelnder Kuppelraum mit halbrunder Apsis. Die Außenbemalung, der Innenschmuck und eine Altartafel 'Gnadenstuhl' stammen von G. M. Loraghi, auch die Ölbilder im Haus von den Stiftern, die in der Paulskirche ihre Grabtafel haben. Der Bau erhielt einen kleinen Turm und der Platz eine gute Nepomukstatue (1759; I. C. Hofer). Einen Schutzpfeiler setzte man 1900 an der Südwestecke gegen den Inn als Wellenbrecher, denn mehr als einmal im Lauf von 200 Jahren hatten die Zöglinge und ihre Erzieher unter Lebensgefahr ausgefahren werden müssen. Das nach Grundsätzen des Magistrats von einem Waisenelternpaar geleitete Haus für bürgerliche, ehelich geborene Knaben und Mädchen (je zwölf) mußte später sein Wesen ändern. Die Oberaufsicht des Fürstbischofs ging 1803 an den bayrischen Staat über. 1913 wurde die Leitung den Englischen Fräulein übertragen, womit eine klösterliche Erziehung die alte Familienordnung ablöste. Das Stift blieb das Ziel der Passauer Wohltätigkeit. Heute sind auch Lernbehinderte hier integriert.

Zwanzig Häuser zählt der Ort: unter den ehrwürdigen Schenken ist die zierliche, zum Hotel ausgebaute *Laube* (Nr. 14) wohl die älteste, 1554 erwähnt und auch Bräuhaus genannt, mit einer Aussichtsterrasse zur Veste Oberhaus. Das Gasthaus *Zum Hirschen* (Nr. 6) hat die Gaststube unter einem behäbigen Gewölbe, war 1560 das Zechhaus der Schiffsleutbruderschaft; das Hochwasser von 1954 reichte bis in den ersten Stock. Beachtlich sind die Gebäude des Hotels *Schloß Ort*, aber sie wurden erst 1860 zum Hotel umgebaut. Diese alte Wasserburg ist 1250 von einem Bischof belagert worden, nun liegen größere Teile davon unter Gärten, Spielplätzen und der östl. Stadtmauer. 1683 war die Burg Wohnsitz eines fürstlichen Anwalts, von 1803–1860 königliches Amtshaus und Gefängnis.

Die westliche Platzseite bildet eine eigenartige Front (die Häuser Nr. 1–9), wuchtig in der Verteidigung gegen Flutgefahren und zugleich schlank und mit verspielten Vorgärtlein. *Nr. 5* wird 1378 im Urbar des St. Johannesstiftes aufgeführt, war im 17. Jh. Klosterbrauerei der Benediktinerinnen; der Hirschwirt hing ebenfalls vom Kloster Niedernburg ab; *Nr. 7* gehörte der Familie Endl (Grab in der Parzkapelle), *Nr. 9* (Pension Rasch) ist das ehem. *städtische Salzstadel* (1450) mit einer Hochwassermarke von 1558. Am Salzhandel konnten sich Passauer Bürger mit Einlagen beteiligen und bildeten eine mittelalterliche Gewinngemeinschaft, die sog. Salzfertiger, indem sie das weiße Gold 'an der Wurzen', am Fundort in Tirol, kauften. Von seiner Ecke lief die Stadtmauer (1350–1855) zur Laube, außerhalb lag der Schiffsplatz, 'Beschlacht' genannt. – Fünf weitere Häuser blicken auf die Donau: *Nr. 16* (kleine Pension) war 1333 ein Salzgaden (=Vorratshaus); für *Nr. 17* bezahlte der Klosterschreiber von Niedernburg 4 Schilling jährlich, 1804 kaufte es mitsamt der Schiffsgerechtsamkeit der Schiffsmeister Franz Köck, dessen Nachfahr heute Ausflugsschiffe um die Ortspitze steuert; *Nr. 18* blieb 200 Jahre lang

Brandstätte; *Nr. 19* (1554), das letzte Haus am Donauufer, zeigt in einem neueren Gemälde ein altes Salzschiff, und der Schreiber der 'Apostelfischer' verkauft heute moderne Fischereigeräte. An der gegenüberliegenden Seite entstand 1978 aus drei alten Häusern des 17. Jh. das *Altstadthotel;* sein Restaurant mit Bar hat einen Balkon zur Donau, das Café im 2. Stock eine Terrasse über dem Platz.

Das Eckhaus am Platz war das alte Stadl der Laube, heute umgebaut als Abfertigungsraum mit Zollkontrolle und Büros der *Donaudampfschiffahrtsgesellschaft (DDSG);* davor liegt zumeist ein abfahrbereites Fahrgastschiff ihrer Flotte. Es besinnt sich die Donau touristisch auf ihre völkerverbindende Aufgabe. Das erste russische Fahrgastschiff legte 1973 hier an, ein ungarisches, ein rumänisches folgten. In aller Eile wurden 200 m Donaulände erhöht und kaimäßig befestigt ('Russenkai'). Von hier fuhr man im Mittelalter unter der Botmäßigkeit des Klosters Niedernburg die Waren zum Säumerweg und Goldenen Steig hinüber.

An der *Ortsspitze,* vor den Geschützbastionen von 1531, liegt eine Gedenktafel für die Opfer der drei Flüsse. Man steht an dem aus dem Kalkgebirge kommenden graugrünen Inn, an der schmutzigbraunen Donau und der vom Moor schwarzbraunen Ilz. Die vereinigten Wasser dehnen sich zu 400 m Breite von Ufer zu Ufer, Auf der Südseite bezeichnet ein hohes Dach der Friedhofskirche St. Severin das Lager des ersten römischen Kastells Bojodurum.

Von der Bräugasse führt die **Luitpoldbrücke** über die Donau. Sie wurde schon 1869 als erster Drahtsteg Deutschlands von der 'Passauer Kettensteg-Gesellschaft' für Fußgänger erbaut und 1897 der Stadt geschenkt. Als die Verankerungen im Oberhauser Berg zu rosten begannen, errichtete man 100 m stromauf, mit besserer Zufahrt, eine neue Hängebrücke, um das Bild der 'schwimmenden Stadt' nicht durch einen Bogen zu zerstören. Da der Tiefpunkt noch über der Fahrbahn liegt, ist die Ansicht einer hängenden Brücke voll gewahrt. 1910 wurde sie als 'Prinzregent-Luitpold-Brücke' eröffnet.

11. Die Donau

Die Donau bestimmt seit vorgeschichtlicher Zeit zu Wasser wie zu Land den europäischen Weg, der die Mitte mit dem Südosten verbindet. Die Flußschiffahrt wird vor 3000 Jahren in Gang gekommen sein. Wo in Passau die Innströmung am schwächsten war, entstand das erste römische Lager, so daß das Befahren der nassen Grenze Norikums wohl zum Wachdienst gehört hat. Zur Zeit des hl. Severin (5. Jh.) beförderten Inn und Donau Getreideschiffe. Später wurde die Donau

die Nachschublinie der Ostbesiedlung (10. Jh.), und während der Kreuzzüge war der Warenverkehr stärker als auf dem Rhein. Als Passau den Salzhandel an sich zog und für den Umschlag vom Wasser auf das Land Stapelrechte wahrnahm, gedieh die Bischofsstadt bis ins 18. Jh. hinein. Große Bedeutung erlangten die im 19. Jh. gegründeten Donaudampfschiffahrtslinien. Von der umstrittenen Fertigstellung des Rhein-Main-Donau-Kanals erhofft man sich einen weiteren Aufschwung des Schiffsverkehrs.

Der Name verbleibt der Donau auf dem ganzen 2888 km langen Lauf, obwohl sie in Passau eigentlich von dem stärkeren Inn aufgenommen wird. 531 Stromkilometer verlaufen in Deutschland, 372 in Österreich, 28 im Stadtgebiet Passaus. An der Altstadt ist die Donau 125 m breit, der Inn 180 m. Pegel (S. 42) messen den Wasserstand: 497 cm ist Normal-, 700 cm Hoch- und 450 cm Niedrigwasser. Der Passauer Wasserschutzpolizei untersteht der Strom von Hofkirchen bis zur Kräutlsteinbrücke und die nördliche Hälfte an der nassen Grenze bis Jochenstein.

Zu Hochwasserzeiten staut der schnellere Inn die anderen Wasser und treibt sie auf der Landzunge in die Gassen. Rund 40 Marken an den Hausmauern erinnern mit Reim, Spruch und Kreuz daran, wo die 'wassergüß' zum Stillstand kamen. Wolkenbruchartige Gewitter während der Schneeschmelze in den Alpen im Frühjahr und Hochsommer lösten Katastrophen aus, am ärgsten 1501, 1558, 1899 und 1954. Am 15. August 1501 lief das Wasser (11,5 m) über die Stadtmauer in den Neumarkt, am 10. Juli 1954 rettete man mit Motorbooten die Bewohner der Altstadtgassen aus dem ersten Stock. Seitdem haben die auf den drei Flüssen angelegten Stauwehre die Gefahr herabgesetzt. Aber seitdem fließt das Wasser träge in den seeartigen Becken, beeinflußt das Klima mit Nebelbildungen, verändert Uferbewuchs und Vogelwelt. Schwäne sind in großer Zahl heimisch geworden, und vor 1945 noch unbekannte Möwenschwärme nehmen überhand.

Ab Regensburg ist die Donau für größere Schiffe schiffbar, obwohl bis zum Eisernen Tor in Rumänien viele Riffe und Schnellen hinderten, die erst im 20. Jh. mit Sprengungen und mehr noch durch Wehre und Schleusen beseitigt wurden. In der alten Handelsstadt Passau kamen drei Wasserwege zusammen: der 'Warenweg' auf der Donau, im Mittelalter mit orientalischen Erzeugnissen bis nach Augsburg hinauf und zum Rhein hin; der 'Salzweg' auf dem Inn und der Donau stromaufwärts, von Pferden gezogen; der 'Holzweg', die für den Fürstbischof so einträgliche Trift die Ilz herab. Sogenannte Holzpletten fuhren mit Waren nur stromab und wurden dann als Brennholz hauptsächlich in Wien verkauft

Nach dem ersten Dampfboot auf der Donau 1837 zeigte sich, daß Passau im Güterumschlag mit den schnell wachsenden Häfen in Regensburg und Linz nicht Schritt halten konnte. Immerhin wurden 1928 fast 200 000 t Waren verladen. Der Abgang zu Tal umfaßt Fahrzeuge, Maschinen, Stahl, Eisenwaren, chemische Erzeugnisse, Salz, Papier; die Ankunft zu Berg Weizen, Nahrungsmittel, Pflastersteine, landwirtschaftliche Rohstoffe, Bauxit. Die auf dem Rhein schon wohlbekannten 'Schubschiffe' sind auf der Donau noch selten. Die deutsche Güterschiffahrt liegt in den Händen der *Bayerischen Lloyd Schiffahrts-AG.* Frachtschiffe sämtlicher Donauanliegerstaaten gelangen nach Passau.

Die PERSONENSCHIFFAHRT nimmt zusehends Aufschwung und macht Passau von April bis Oktober zum Ausgangs- oder Endpunkt einer kurzen oder langen Donaufahrt. Es gibt *Stadtrundfahrten* ums Dreiflußeck oder ausgedehntere *Schleifenfahrten* auf zollfreies Gebiet jenseits der Kräutlsteinbrücke, *Halbtagsausflüge* vor allem stromab, aber auch nach Vilshofen, die eine Rückkehr mit der Bahn ermöglichen, *Tagesfahrten* und mehrtägige *Kabinenreisen* hinab nach Linz, Wien, Budapest, Bukarest und übers Schwarze Meer. Am Geschäft beteiligen sich auch Schiffe aus Österreich, Bulgarien und der Sowjetunion. Der Schiffspark der österreichischen Ersten Dampfschiffahrtsgesellschaft zählt jetzt vier Motorfahrgastschiffe: *Theodor Körner,* 2100 PS, 1 300 Pers.; *Stadt Passau* und *Stadt Wien,* je 920 PS, 1 000/860 Pers.; *Austria,* 1030 PS, 600 Pers. Hinzu kommen der Schaufelraddampfer *Schönbrunn,* 740 PS, 1 400 Pers.; die 1030 PS starke *Wachau* und die Lokalboote *Vindobona* und *Maria.* Brauchte man im 18. Jh. zu Schiff bis 4 Tage von Wien, so dauert die Fahrt heute ca. 16 Stunden. Die Fahrtdauer stromaufwärts von Wien nach Passau beträgt 21 Stunden. Die fahrplanmäßigen Schiffe bewältigen Hin- und Rückfahrt jeweils in einer Zwei-Tages-Tour, von Passau nach Linz und am folgenden Tag von Linz nach Wien. – Passau kennt keinen Bootsverleih, aber Wassersport im Ruderverein, im Kajakclub und in der Faltbootabteilung.

Die Donau-Fahrgastreederei KÖCK + WURM läßt ihre sieben Motorschiffe zwischen Regensburg und Linz in Österreich verkehren. Es sind: *Germania,* mit 500 PS für 750 Personen, die 1978 in Dienst gestellten *Johanna, Bavaria, Donau* mit 750 PS für 1 250 Fahrgäste, weiterhin *Passauer Wolf, Ilz* und *Hohe Nau* (= Hoch hinauf), das kleinste Schiff mit 300 PS für 300 Personen.

C. PASSAU LINKS DER DONAU

12. Oberhaus, Veste und Museum

Die AUFFAHRT zur Veste über die Schanzlbrücke auf der Neuen Rieser Straße (B 85) in Richtung Cham durch die **Schönblickkurve* (Haltestreifen Talfahrtseite) biegt auf der Höhe hinter dem Terrassengasthof der *Weißbierbrauerei Andorfer,* einem der alten Freisassenhöfe, auf den Rennweg ein. Halbwegs vor dem Burgparkplatz r. zum *Christkönigkolleg Bergfried* des Benediktinerordens mit moderner Kapelle. Städtische Buslinie Nr. 9 im Sommer bis zur Veste. – Oder von der Hängebrücke im Ilzstadtkreisverkehr auf die Ferdinand-Wagner-Straße mit 22% Steigung!

Lohnend sind ein Auf- oder Abstieg ZU FUSS in etwa 40 Min zum westl. Burgtor (11): auf dem Sturmbergweg oberhalb der Schönblickkurve vorüber an der ehem. *Sturmbergkapelle* (1699/1730, im ersten Hof r.) über den Stadtberg zum Haus Bergfried; – vom Anger bei Haus Nr. 30 auf dem Bergfriedweg; – auf dem Gampertsteig von der Angerstraße; – auf dem Ludwigsteig bei der Hängebrücke, 1893 aus dem Felsen gesprengt (Gedenktafel), durch den lichten Eschen- und Buchenmischwald. Ein Abstieg ins Ilztal vom Rennweg mit dem Blick auf die eindrucksvolle Ruine Hals und Rückkehr vom Halser Markt (mit Bus Nr. 3) ist empfehlenswert.

Westlich vor der Burg ist neben dem Sportzentrum Oberhaus der zu NS-Zeiten geschaffene *Thingplatz* noch erkennbar. Sein Ostwall reicht bis zu einer *Aussichtskanzel,* die, mit Fernrohr und Vortragsgerät ausgestattet, einen großartigen *Stadtblick bietet. Eine *Cafeteria* lädt ein und, mit Eingang vom Tändelgraben, das *Café/Rest. Oberhaus* (1939/1974), das dem Hotel Weißer Hase gehört.

Die ****Veste Oberhaus** (s. Plan S. 81) auf dem Georgsberg thront mit Erdwällen und Bauten aus acht Jahrhunderten auf einem steilen waldigen Gneisrücken 108 m über dem Tal. Sie wurde 1219 von Fürstbischof Ulrich unter dem Namen 'Georgsburg' als Trutzburg angelegt, nachdem er zum Raichsfürsten aufgestiegen war und von Kaiser Friedrich Barbarossa den Ilzgau als kaiserliches Lehen empfangen hatte. Vom 15. bis 18. Jahrhundert ist der starke Stützpunkt fürstbischöflicher Macht ständig erweitert worden.

An der GESCHICHTE DER BURG ist die Entwicklung des Festungswesens abzulesen. Im Kampf der Stadtbevölkerung um neue Rechte blieb das Bollwerk mehrmals die letzte Zuflucht des Domkapitels (1298). Zwar eroberten die Zunftmeister und Kaufherren einmal die Niederhausburg, verloren aber donauabwärts an der Erlaumündung ihre offene Schlacht (1367). Dann erforderten die Feuerwaffen neue Wehranlagen: um 1380 wurde die *Batterie Linde* errichtet, um das Niederhaus zu decken; ein (heute verschwundener) Bergfried wuchs im Innenhof empor; der *Hals- oder Bärengraben* wurde vertieft.

Um 1500 rücken die Verteidigungsbauten in Form von Schanzen weiter nach außen, und man beginnt, die Burgräume dem Hofstil der Renaissance anzupassen. Noch in spätgotischer Weise entstand der Rittersaal, nach dem damaligen Bischof der *Schachnerbau* (P) genannt. Im 13. Jh. war das Landgericht in die Veste gelegt worden, nun gewannen die Kerker bei der Unterdrückung der Juden und Protestanten eine traurige Berühmtheit. Daß im sog. *Folterkeller* Geständnisse erpreßt wurden, geht aus den Archivstücken über die Judenverfolgung (1477; vgl. S. 89) und dem Prozeß gegen den lutherischen Ketzer Leonhard Kaiser (vgl. S. 39) hervor. Die *Burgtaverne* (F) von 1570 und der *Profosenturm* (E), Wohnung des Polizeihauptmanns, zeugen von der volkreichen Belegung.

In den Türkenkriegen wurde der feste Platz gegen größere und auch gegen eine längere Belagerung aufgerüstet. Erdbefestigungen nach dem System Vaubans erhielten weittragende Geschütze. Der *Generalsturm* (C) verstärkte das innere Tor seit 1597, die Batterien *Katz* (B) und *Maus* wurden ausgebaut. Im letzten Festungsumbau (1693–1723) wurde der sternförmige Wallgürtel mit dem *Tändelgraben* davor angelegt: die *Philippsbastei,* das *Rabattawerk* (Raimund-Bastei), dazu die Schanzen *Mitter-Werk, Neuwall* und *Niederwerk,* die den neuen Verteidigungsring mit dem *Ravelintor* und mit einer Ausfallschanze beim *Wassertörl* (14) abschlossen. Dergestalt beschützt, wurde die Stadt in den Erbfolgekriegen der Habsburger Monarchie ein wertvolles Faustpfand. Napoleon ließ Passau zum befestigten Versorgungs- und Auffanglager für seine Unternehmungen gegen Österreich mit einer ständigen Besatzung von 10 000 Mann ausrüsten. Tausende von Fronarbeitern mußten um Oberhaus und Stadt einen Ring von Erdwällen anlegen, für deren Schußfeld Bauernhöfe, Waldfluren und Türme niedergelegt wurden.

Als 1867 die Festung aufgehoben wurde, waren die napoleonischen Werke wieder unter dem Pflug verschwunden. Das 1822 in die Burg verlegte bayr. Militärgefängnis wurde 1918 aufgelöst. 1932 trat die Stadt das Erbe ihrer alten Herren an und richtete auf dem Oberhaus ein Museum ein. 1945 erlebte die Veste noch einmal Krieg: amerikanische Granaten richteten Zerstörungen an, und böse Folgen ergaben sich aus der fremden Truppenbelegung und der Aufnahme von Flüchtlingen für das Museum. Heute ist es wieder ein Anziehungspunkt ersten Ranges, aber die Stadt steht dabei auch einer kaum noch tragbaren Kostenlast gegenüber.

Ein ausgedehnter Gang über die ÄUSSEREN FESTUNGSANLAGEN bietet abwechslungsreiche Stadtblicke und Burgansichten. Hinter dem abgewinkelten *Ravelintor* (9) mit dem Wappen des Fürstbischofs Johann Philipp v. Lamberg (1703) wendet man sich aufwärts zur *Philippsbastei* (1720); darunter die *Raimund-Bastei* mit dem Wappen des Fürstbischofs Raimund von Rabatta (10; 1722) und einem bezaubernden *Blick in das schmale Ilztal und über das Abteiland der Fürstbischöfe. Im Blickfeld liegen v. l. n. r.: Grubweg, Bad Kellberg, das Firmiangut, der Ebnerhof, das Salvatorianerkolleg, die Ilzer Pfarrkirche, Burg Niederhaus; im Hintergrund der Dreisesselberg (1 320 m).

An das *Mitter-Werk* mit einem *Gedenkstein* für den Gründer des Bayerischen Waldvereins, Anton Niederleuthner, schließt sich der *Neuwall* mit der **Fernsicht über die Dreiflüssestadt hinweg ins österreichische Innviertel, begrenzt vom Haugstein (876 m) bei Engelhartszell und dem Fronwald bei Schardenberg (589 m). Liebhaber aus Passau unterhalten auf diesem höchsten Punkt der Burg eine *Sternwarte*. Im ehemaligen Artillerie-, später Feuer-Wachhaus, eine Wetterstation (7). Daneben eine barocke Zisterne.

Hier vom Neuwall (bei Z) ist eine gute Übersicht über die gesamte Burganlage möglich. Die folgende Aufzahlung v. l. n. r. und von A bis Y diene vor dem Rundgang zugleich der Entstehungsgeschichte. Auf den *Aussichtsturm* (A), der um 1710 als Artilleriebeobachtungsturm angelegt wurde, führt eine Treppe über die dahinterliegende *Batterie Katz* (B; um 1590), wo der *Passauer Tölpel* (3), der Kopf einer 10 m hohen Stefansstatue vom gotischen Dom (E. 14. Jh.), 1884 aufgestellt wurde. Er war 1662 beim Stadtbrand vom Südturm des Domes gestürzt. Bei klarem Wetter erblickt man die Alpenkette. Über dem zweiten Tor wurde Ende des 16. Jh. das *Generalsgebäude* (C) errichtet. Daran anschließend die *Festungsschmiede* (D; 17. Jh.); beide Häuser hat die Jugendherberge belegt. Ein kleiner Mauerbau und der halbrunde *Profosenturm* (E) stoßen an die *Marketenderei* (F; 1515), die 1967 mit schönen Gemeinschaftsräumen zu einer vielbesuchten deutschen Jugendherberge ausgebaut wurde. Auch der Torbau des *Ilzertors* (G) gehört dazu.

Um die Vorburg abzuschließen, wurden im 16. Jh. das *Benefiziatenstöckl* (I) als Wohnung des Burgkaplans und ein kleines *Gefängnis* (K) angefügt. Der doppelte *Torturm* (L), dessen Südbau nach dem Doppelwappen des Bischofs Leonhard v. Layming von 1423 stammt, ist der älteste heute sichtbare Teil der Burg, von spätromanischen und gotischen Mauerkernen abgesehen. Vor das ältere *Zeughaus* (M) legte 1597 Bischof Urban v. Trenbach den *Trenbachbau* (N) mit seinem Wappen und schloß ihn an das *Kommandanturgebäude* (O) an, das seinerzeit vor einem gewaltigen Bergfried stand, der aber beim barocken Umbau der Hauptburg abgetragen wurde. Bischof Christoph v. Schachner und sein Nachfolger schufen den großartigen **Rittersaalbau* (P; um 1510). Das *Versorgungsgebäude und Lazarett* (Q) westl. davon stammt aus Bischof Trenbachs Zeit. *Arkaden* (R) führen zu den alten Palastgebäuden: die *Dürnitz* (S) mit dem sog. 'Böhmerlandsaal' als heizbares Gesindehaus neben dem *Palas* (T) und der *St. Georgskapelle* (U; 13. Jh.), die auf den Burggründer zurückgehen. Der das Dach überragende schlanke Kapellenturm wurde im 17. Jh. barock bekrönt. Von der Burg heißt es in einem Brief: "..hat einen Saal und die prächtigsten Gemächer, und alles so zierlich und fest" (22. 7. 1444, Aeneas Sylvius, später Papst Pius II.). Der Palast wurde später umgebaut, nach Norden zum *Fürstenbau* (V) erweitert, um den bischöflichen Hofstaat aufzunehmen, und stadtwärts in eine hochbarocke Fassadenmalerei (1665) einbezogen. Im Hof hatte er 1555 durch Bischof Wolfgang I. v. Salm ein *Renaissancetreppenhaus* auf quadratischem Grundriß erhalten. Unterhalb des Fürstenbaus liegt tief im äußeren Zwinger der 'Achteckturm', ein gotischer *Pulverturm* im Wehrgang zum Niederhaus, der seit 1343 diese Verbindung schützte. Gegenüber dem Schachnerbau errichtete Herzog Ernst von Bayern, 1517–40 bischöflicher Administrator, ein *Gästehaus* (X; 1530); es wird heute das Tollhaus genannt, weil zu Ende des 18. Jh. Geisteskranke darin untergebracht waren. Die Vorburg war ehemals zum Halsgraben hin mit einem Vorrats- und Lagerhaus, dem sog. *Ochsenstall* (Y) mit dem lebenden Schlachtvieh, verschlossen; die Wiederherstellung des Gebäudes als Galerie des 20. Jh. ist geplant. Eine kurze Strecke der hölzernen Wehrgänge ist über der *Wassertörlmauer* (14) erhalten.

Im ***Oberhausmuseum** hat die Stadt seit 1932 eine Reihe bemerkenswerter Sammlungen vereinigt. Den Kern bildet der geschichtliche und volkskundliche Besitz der Stadt und des Landkreises Passau; das bischöfliche Ordinariat gab seine *Diözesangalerie* kirchlicher Malerei und Plastik als Leihgabe hinzu; das Land Bayern stellte Leihgaben aus den Staatsgemäldesammlungen in München, seit 1974 auf das "Passauer Barock" ausgerichtet; der *Verein Böhmerwaldmuseum Passau-Oberhaus e.V.* erhielt Räume für sein literarisches und volkskundliches Erbe; der Kunstverein Passau schließlich betreut die *Neue Galerie* vornehmlich Passauer Künstler des 20. Jahrhunderts.

In 51 Räumen in den Trakten um den inneren und äußeren Burghof, unter Einbeziehung der St. Georgskirche, der Urzelle der Anlage, haben die vielfältigen, nach Gruppen geordneten Sammlungen ihre Aufstellung gefunden.

Im Erdgeschoß belegen im Saal 1 Funde aus der VOR- UND FRÜHGESCHICHTE die vorchristliche Besiedlung des Bodens der Dreiflüssestadt. Hier steht Passaus bedeutendster Römernachlaß, eine elegante, 30 cm hohe **Jupiterstatue* aus dem 2. Jh. n. Chr. – Die Abteilung HANDWERK (2–7) zeigt Erzeugnisse und Werkzeuge der mittelalterlichen Zünfte größtenteils aus dem 17. und 18. Jh.: die *Hafner* (2) schufen die weithinverfrachteten Passauer Schmelztiegel mit Hilfe des bei Hauzenberg gewonnenen Graphits und andere Schwarzhafnerstücke; ihre Hafnermarken waren Gütezeichen. Die Arbeit der *Lebzelter* (3) und *Wachszieher* ging mit kunstvoll geschnitzten Modeln vonstatten. Sie wird heute noch ausgeübt. Auch die *Leinenweber* bildeten eine reiche Zunft (4). Ausgestellt sind Stoffdruckmodel, Tuchscheren und frühe mechanische Bandwebstühle des 19. Jh. Bei den

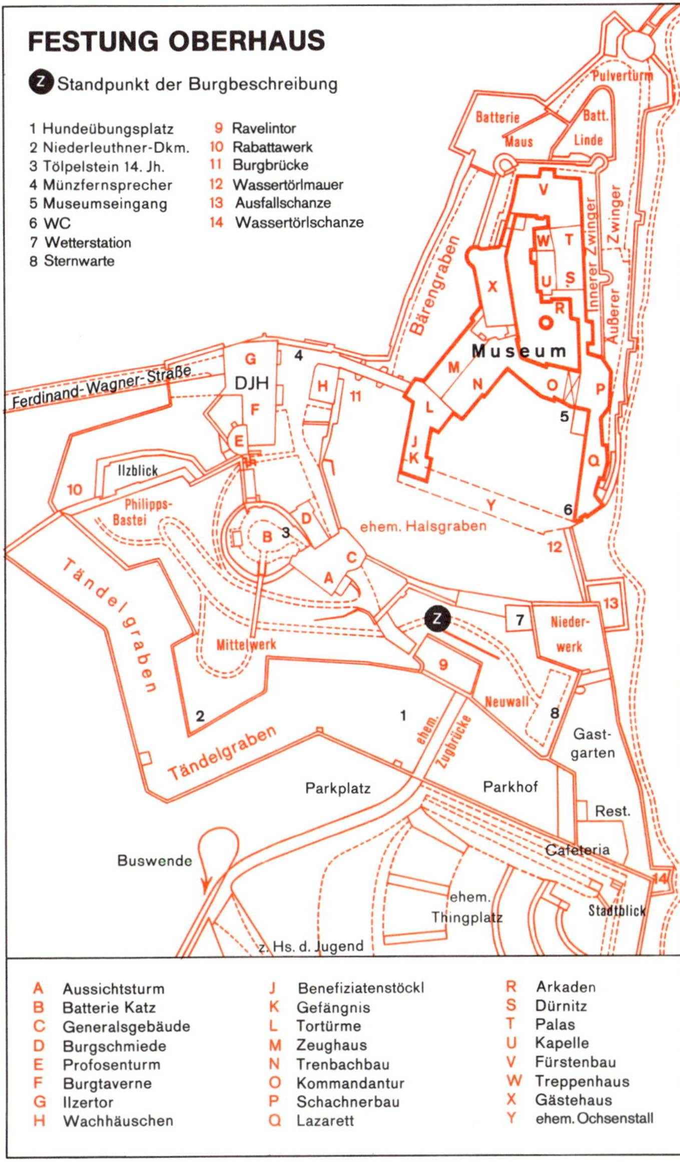

A	Aussichtsturm
B	Batterie Katz
C	Generalsgebäude
D	Burgschmiede
E	Profosenturm
F	Burgtaverne
G	Ilzertor
H	Wachhäuschen
J	Benefiziatenstöckl
K	Gefängnis
L	Tortürme
M	Zeughaus
N	Trenbachbau
O	Kommandantur
P	Schachnerbau
Q	Lazarett
R	Arkaden
S	Dürnitz
T	Palas
U	Kapelle
V	Fürstenbau
W	Treppenhaus
X	Gästehaus
Y	ehem. Ochsenstall

Schmieden und *Schlossern* (5) stand die Schlüsselkunst in hohem Ansehen. Von den *Bäckern* (6) blieb ein Waffeleisen von 1444 erhalten. Die *Faßbinder* (7) bildeten ein wichtiges Zulieferhandwerk für die zahlreichen Brauereien dieses Raumes.

Über das Treppenhaus der ehemaligen Kommandantur führt der Weg zum Zeughaus. Die Räume 8 mit 10 werden den Sammlungen des Bildhauers *Hans Wimmer* gewidmet. Sie befinden sich z.Zt. im Aufbau und sind ab 1987 zugänglich. Im Treppenhaus Prozessionsfahnen und Zunftembleme.

Im Kommandantenzimmer des Obergeschosses (11) ist die MUSIKINSTRUMENTENSAMMLUNG untergebracht. Der Instrumentenbau war etwa seit Ende des 17. Jh. in Passau heimisch. Zu den wertvollsten Exponaten zählt ein **Serpent* aus dem 16. Jh. Eine Passauer Eigenentwicklung war das **Bassethorn,* für das u.a. Mozart einige Kompositionen schrieb.

Die Räume 12 bis 14 zeigen Passau im ausgehenden MITTELALTER. In der sogen. *Brieftruhe* mit italienisch beeinflußten Lederschnittbezug des 13. Jh., wurden die Privilegien-Urkunden des erneuerten Stadtrechtes von 1299 und 1345 aufbewahrt. An den Wänden *Ansichten der Stadt* vom 15.–17. Jh. – Raum 13 zeigt als Kopie einen monumentalen *Steinkopf,* den 'Passauer Tölpel' (Original beim Aussichtsturm) und alte graphische Darstellungen desselben. Der nächste Raum (14) enthält bürgerliches *Gebrauchsgeschirr* aus Kupfer und Zinn und dokumentiert *barocke Möbelkunst* in Passau, nach den verheerenden Stadtbränden von 1662 und 1680.

Anschließend in den ehemaligen Gästetrakt, 1792 als Landesirrenanstalt eingerichtet. Sieben Räume befassen sich mit der VOLKSKUNDE des Passauer Umlandes. Über *Holzverarbeitung* (15), *Hof- und Ackergeräte* und Gerätschaften für Heimarbeit (16), einer *Keramiksammlung* vor allem aus dem ostbayerischen Raum (17), bis zur Volksfrömmigkeit spannt sich der Bogen (*Wallfahrten und Votivgarben* im Raum 18). *Krippenfiguren* vor allem aus dem Kloster St. Nikola sind im Saal 19 aufgestellt. Krippenfiguren waren beliebt, um das kirchliche Jahr in seinen Ereignissen darzustellen (Wandelkrippen). Auch im *bäuerlichen Mobiliar* spielte religiöses Gedankengut eine bedeutende Rolle wie die Hinterglasbilder und Malereien auf Kästen und Schränken beweisen(20). Die Vitrinen im Saal 21 enthalten *Passauer Goldhauben,* mit Goldspitze und Pailletten besetzte Flügelhauben, die um 1780 im Donautal, vor allem in Linz, die Kopftracht der reichen Bürgerinnen wurden und nach 1820 in Passau eine eigene Ausprägung erfuhren.

Unter einer Rahmenstuckdecke präsentiert sich im Saal 22 DEUTSCHES BIEDERMEIERMOBILIAR. Die Wände zeigen 'Amerikanisches Leben', zart kolorierte Tapeten aus dem früheren Handelshaus Pauer (1834–36). Hergestellt wurden sie im Elsaß.

Die anschließend aus dem Erdgeschoß heraufführende Treppe führt über eine Vorhalle zum Schachner'schen Saalbau mit dem RITTERSAAL (23), ursprünglich Kaisersaal. Fürstbischof Christoph von Schachner vollendete den Bau 1499. Der Fürstbischof-Nachfolger Wigileus Fröschl ließ diesen Trakt kostbar im Frührenaissance-Stil ausschmücken. Der 3 m hohe ***Kachelofen* von 1632 stand vorher auf der Saldenburg. Die ehemalige kassettierte Lindenholzdecke befindet sich heute im Bayerischen Nationalmuseum in München (Passauer Stube). Im Sommer finden im Rittersaal Sonderausstellungen statt.

Der folgende Gebäudetrakt, das 'Lazarett', dient dem BÖHMERWALDMUSEUM (24–27), mit Dokumenten zum Leben der Dichter Adalbert Stifter (1805–1868) und Hans Watzlik (1879–1948), einer Kopie von Stifters Testament und Böhmerwaldgläsern. Im *Landschaftsraum* (25) eine große Übersichtskarte des Böhmerwaldes. Das Leben in einer *Bauernstube* des Waldes (27) verkörpert eine lebensgroße Gruppe inmitten ihrer Möbel und Gerätschaften.

Vom Rittersaal betritt man durch Arkaden die BISCHÖFLICHE DIÖZESANSAMMLUNG (28 mit 31) in den ehem. Prunkräumen

Die PASSAUER GALERIE (32–36) führt über Werke von *Wolf Huber,* dem Mitbegründer der sogen. Donauschule, zu Leihgaben der Bayer. Staatsgemäldesammlungen aus dem Barock, anschließend über die Romantik bis zur modernen Kunst, mit Werken von Künstlern des Passauer Umlandes im späten 19. und 20. Jh. Besonders nennenswert ist hier der Historienmaler *Ferdinand Wagner* (1847–1927). Gezeigt werden u.a. seine Entwürfe zu den Wandgemälden in den Rathaussälen. Außerdem erwähnenswert im Saal 32 ein großer *Kachelofen nach Wiener Art* (ehemals Alte Residenz – Redoutengebäude), wie der gotische Kapellenerker an der Ostwand des Saales 33 mit einem Sippenaltärchen von 1510. Kultur- und zeitgeschichtlich interessant im Saal 32 die Nachbildung des 'Volto-santo'-Gnadenbildes aus dem Dom in Lucca und das 5 m breite Gemälde des Militärlagers in Osterhofen während des Österreichischen Erbfolgekrieges (1741–45).

Der Rundgang führt über die Renaissancetreppe ins Dachgeschoß (37–38). In Vorbereitung ist die museale Abteilung *Soldaten in Passau* u.a. mit Erinnerungsstücken der Passauer Bürgerwehr im 19. Jh. Raum 38 *Landkreissammlung.*

Über die Renaissancetreppe gelangt man zurück ins Erdgeschoß zu SCHIFFAHRT UND HANDEL (39, 40). Kernstück ist eine aufschlußreiche bildliche Darstellung der Gliederung des Donauschiffszuges. Mitten im Raum steht ein ***Treidelzug* von 1720 aus Terrakotta mit sechs Schiffen und über 30 Figuren. Darauf folgen Fluß- und Straßenkarten des 16. Jh. und Exponate des umfangreichen Salzhandels,

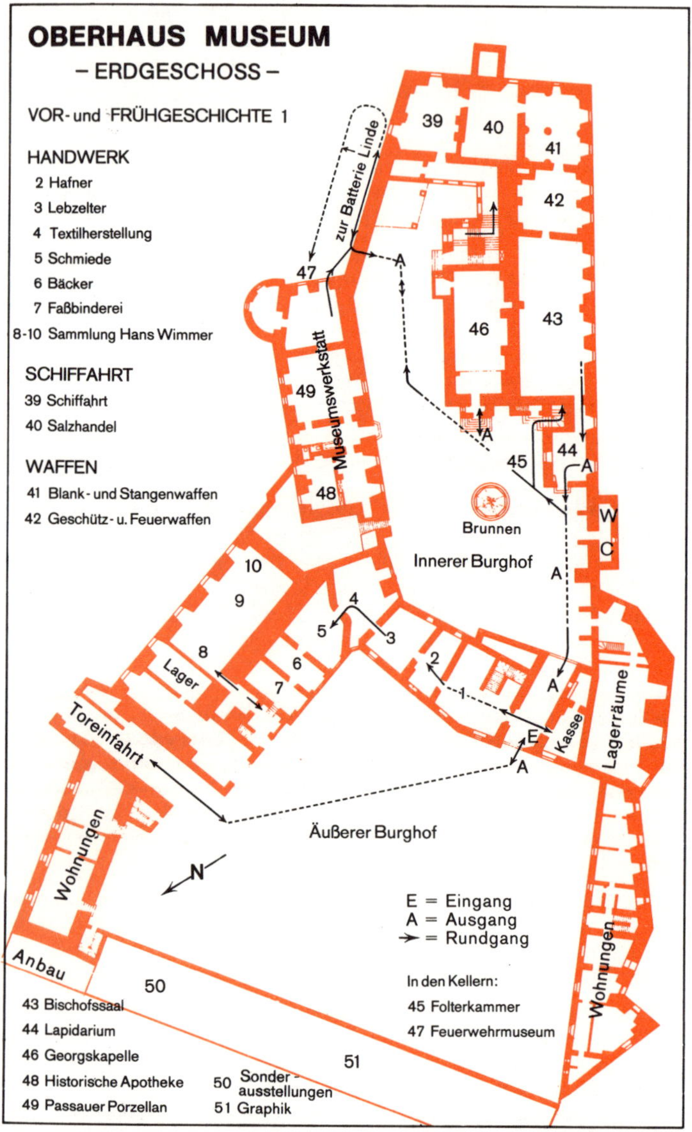
OBERHAUS MUSEUM
– ERDGESCHOSS –
VOR- und FRÜHGESCHICHTE 1
HANDWERK
2 Hafner
3 Lebzelter
4 Textilherstellung
5 Schmiede
6 Bäcker
7 Faßbinderei
8-10 Sammlung Hans Wimmer
SCHIFFAHRT
39 Schiffahrt
40 Salzhandel
WAFFEN
41 Blank- und Stangenwaffen
42 Geschütz- u. Feuerwaffen
zur Batterie Linde
Museumswerkstatt
Brunnen
Innerer Burghof
Lager
Toreinfahrt
Kasse
Lagerräume
Äußerer Burghof
Wohnungen
Anbau
E = Eingang
A = Ausgang
= Rundgang
In den Kellern:
45 Folterkammer
47 Feuerwehrmuseum
43 Bischofssaal
44 Lapidarium
46 Georgskapelle
48 Historische Apotheke
49 Passauer Porzellan
50 Sonder-ausstellungen
51 Graphik

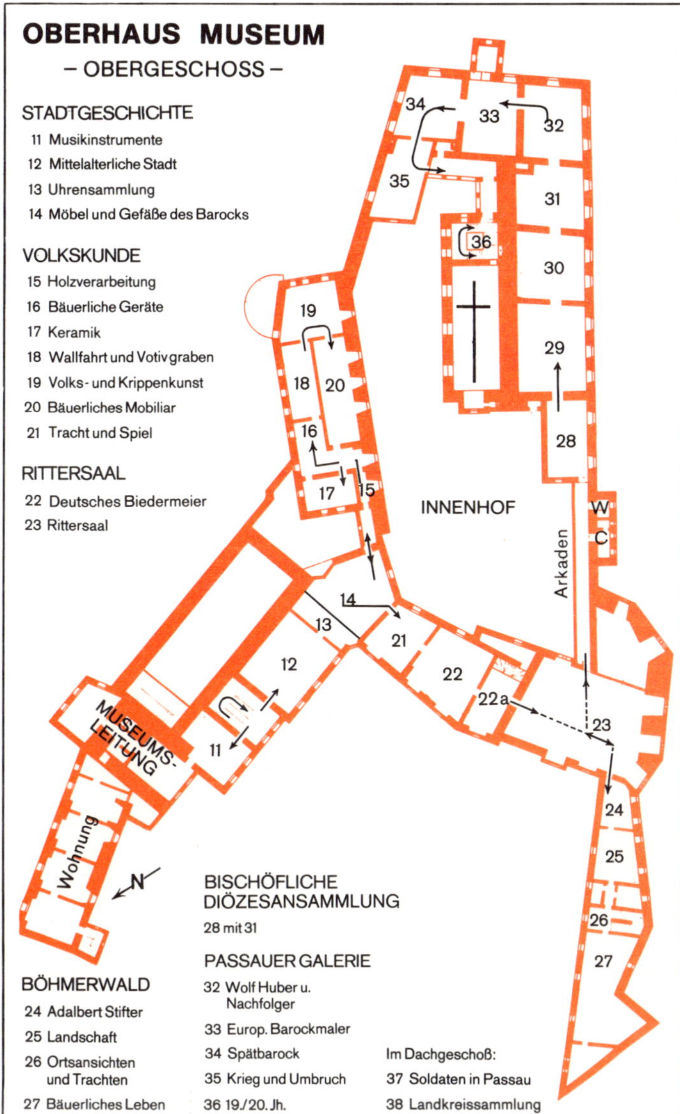
OBERHAUS MUSEUM
– OBERGESCHOSS –
STADTGESCHICHTE
11 Musikinstrumente
12 Mittelalterliche Stadt
13 Uhrensammlung
14 Möbel und Gefäße des Barocks
VOLKSKUNDE
15 Holzverarbeitung
16 Bäuerliche Geräte
17 Keramik
18 Wallfahrt und Votivgraben
19 Volks- und Krippenkunst
20 Bäuerliches Mobiliar
21 Tracht und Spiel
RITTERSAAL
22 Deutsches Biedermeier
23 Rittersaal
BÖHMERWALD
24 Adalbert Stifter
25 Landschaft
26 Ortsansichten und Trachten
27 Bäuerliches Leben
BISCHÖFLICHE DIÖZESANSAMMLUNG
28 mit 31
PASSAUER GALERIE
32 Wolf Huber u. Nachfolger
33 Europ. Barockmaler
34 Spätbarock
35 Krieg und Umbruch
36 19./20. Jh.
Im Dachgeschoß:
37 Soldaten in Passau
38 Landkreissammlung
INNENHOF
Arkaden
WC
MUSEUMS-LEITUNG
Wohnung
N
22a

u.a. eine bemalte Truhe des Salzstadelamtes von 1540. – In der WAFFENSAMMLUNG (41, 42) befinden sich unter den Schwertern zahlreiche mit dem Wolf gezeichnete Klingen. Passauer **Wolfsklingen* bildeten bis zum Ende des 16. Jh. einen berühmten Ausfuhrposten des städtischen Handwerks (vgl. Gr. u. Kl. Klingergasse). Unter den *Feuerwaffen* stehen zwei Geschütze aus dem 14. u. 18. Jahrhundert.

Der BISCHOFSSAAL (43), der spätgotische Dürnitzsaal der Burg, früher auch 'Das Böhmerland' genannt, ist den Fürstbischöfen des Hochstifts, ihrer Hofhaltung und ihrem Herrschaftsbereich gewidmet. Außer Gemälden und Stichen sind Gewebe aus Seidenbrokat des 11. und 12. Jh. sowie ein Jagdgobelin um 1470 besonders kostbar. Vor dem Austritt in den Hof wurde ein kleines LAPIDARIUM (44) mit mittelalterlichen Skulpturresten eingerichtet. Den gotischen 'Doppelkopf' (15. Jh.) fand man im Mauerwerk einer Gastwirtschaft. Ferner Grabsteine vom 14. bis 19. Jh., darunter eine mit dem Eulenwappen des Malers Rueland Frueauf. Im Hof wende man sich zur ST. GEORGSKAPELLE (46) mit dem Grabstein des Malers Wolf Huber (r.; †1553), bevor man zum FOLTERKELLER (45) hinabsteigt. – Das FEUERWEHRMUSEUM (47) mit alten Wagen, Spritzen und Uniformen ist im sog. 'Tollhaus' an der Nordseite des Hofes im Keller untergebracht, wo man durch eine Mauerpforte auch in den Zwinger tritt und die malerisch gelegene *Batterie Linde* erreicht, die einen * Ausblick über die Altstadt bietet.

Hinauf zum inneren Burghof und durch die Eingangstür des 'Tollhauses' mit Inschrifttafel des Kardinals von Auersperg (1792) in die abschließenden Säle des Rundgangs.

Die *Historische Apotheke* (48) zeigt Mobiliar der Passauer Hofapotheke (17. Jh.), pharmazeutische und medizinische Geräte. Vollständig erhalten blieb ein Metall-Destillationsofen aus Regen (um 1830).

Anschließend die Sammlungen der *Passauer Porzellanmanufaktur* (49), 1780 mit fürstbischöflicher Unterstützung gegründet. Passau war vor allem bekannt für seine zierlichen Rokokogruppen, Opernfiguren aus den Werken Richard Wagners und Soldatendarstellungen aus napoleonischer Zeit.

Durch das innere Tor gelangt man in den äußeren Burghof, dessen Westflanke in den nächsten Jahren durch den zweigeschossigen Wiederaufbau des ehemaligen Ochsenstallgebäudes geschlossen wird. Das Erdgeschoß des künftigen Galerietraktes wird die umfangreiche graphische Sammlung mit Stadtansichten präsentieren, das Obergeschoß Sonderausstellungen.

13. Ilzstadt. Hals. Grubweg

Die Gebäudezeile *Der Anger* auf der linken Donauseite hat, obwohl mittelalterlichen Ursprungs, aus Raummangel keine Bedeutung erlangt. Hübsch ist jedoch ein Gang auf der Angerstraße zwischen den Brücken mit Blick auf die alten Wohnhäuser (16./18. Jh.; Schanzlwirt und ehem. Gasthäuser) und das weite Stadtpanorama. Ein Fürstbischof schuf 1762 den ersten (l.) Straßendurchbruch zwischen Anger und Niederhaus. Mit dem rechten begann 1948 der 'verkehrsgerechte Ausbau', der die Flüsse einbetonierte (1973) und städtebaulich einheitlich bis ins Ilztal mit Hauzenberger Granit verkleidete. – Nichts ist über die Entstehung der **Veste Niederhaus** als Mautburg überliefert. Später wurde sie als Vorwerk der Zwingburg mit einem doppelten Wehrgang ans Oberhaus angeschlossen (14. Jh.). Für Napoleons Verteidigung gegen Österreich war sie noch wichtig (1809), dann ging sie in Privathand über, gehörte dem Historienmaler Ferdinand Wagner und enthält heute Wohnungen und Künstlerwerkstätten.

Die Geschichte der Ilzbrücken beginnt 1762 mit dem Felsdurchbruch durch den Georgsberg, nebst einer Fahrstraße längs der Donau am Fuß der Festung. Zuvor besaß die Ilzstadt nur einen hölzernen Fußsteg bei St. Salvator; Fuhrwerke nahmen die Furt beim Ziegelstadl. Zwischen der Ilzstadt und dem Donautor im Ort gab es nur den Wasserweg, an dem das Kloster Niedernburg verdiente. Napoleons französische Besatzung verbreiterte 1809 den Fußsteig zur Holzbrücke. Ihre Anfälligkeit unter Eisgang behob man 1842 durch einen steinernen Mittelpfeiler und ersetzte 1903 alles Holzwerk durch vier eiserne Bogen. Nach der Sprengung 1945 lag eine eiserne Behelfsbrücke bis 1948 über dem Fluß. Die schön geschwungene **St. Georgsbrücke** entstand 1949 an der Stelle der alten Pfeilerbrücke, sie ist mit zwei Fußgängersteigen 11,5 m breit, 43 m lang und stadtwärtsführende Einbahnstraße.

Die **Neue Brücke** liegt nur 100 m ilzabwärts und setzt in Verlängerung des zweiten Felsdurchbruchs von 1949 über den Fluß. Die neue Betonbrücke wird unveredelt bleiben, wohingegen die Stützmauern am Fluß gegenüber von St. Salvator mit Granit bekleidet wurden. Zur Milderung des hohen Mauergebildes hat man einen *Fischersteig* unmittelbar über dem Wasser entlanggeführt und donauwärts ein einstöckiges *Türmchen* mit Spitzdach um den Donaupegel 'Aufischer' errichtet. Die niedrige Uferhöhe der B 388 zum Ende der Straßenbebauung wurde bis zur Krone der Stützmauer angehoben. Die erneuerte Häuserzeile erhielt für ihre Eingänge 'im ersten Stock' eine eigene Anliegerstraße; jedoch ist trotz der Spitzgiebel das mittelalterliche Bild durch allzuviel Beton beeinträchtigt.

Die ILZSTADT bewahrte sich jahrhundertelang gewisse Vorrechte; denn die Säumer, Schiffer, Fischer, Holzfäller und Triftknechte führten ein anderes Leben als die Domstadt. Auch die Juden waren angewiesen, hier zu wohnen. Es legten die Fähren von drüben an und gaben hier ihre Fracht an die Tragtiere ab. Riesige Holzlager

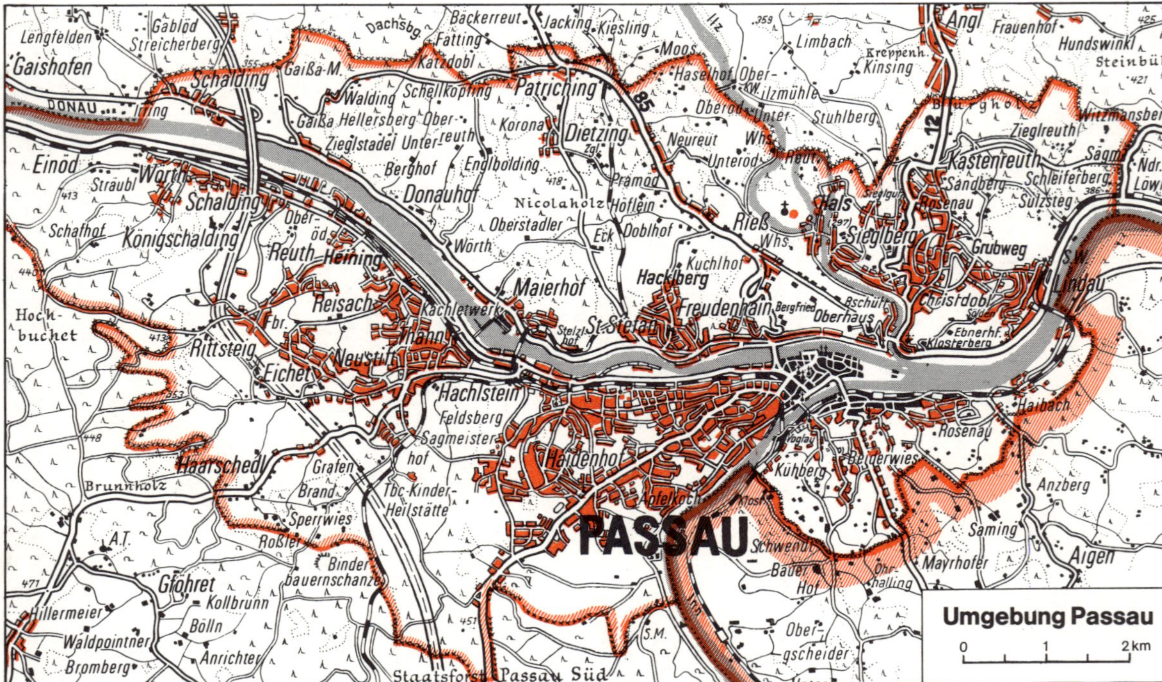
Umgebung Passau
0
1
2 km
PASSAU
DONAU
Inn
Ilz
Gaishofen
Schalding
Einöd
Worth
Königschalding
Reuth
Heining
Reisach
Rittsteig
Eichet
Neustift
Hachlstein
Haidenhof
Haarschedl
Grafen
Brand
Sperrwies
Gföhret
Kollbrunn
Bölln
Anrichter
Bromberg
Waldpointner
Hillermeier
Staatsforst Passau Süd
Patriching
Dietzing
Donauhof
Maierhof
Hacklberg
Freudenhain
St. Stefan
Oberhaus
Rieß
Hals
Sieglberg
Grubweg
Lindau
Kastenreuth
Christdobl
Rosenau
Haibach
Anzberg
Saming
Aigen
Mayrhofer
Kühberg
Beiderwies
Angl
Frauenhof
Hundswinkl
Limbach
Moos
Kiesling
Jacking
Bäckerreut
Fatting
Dachsbg.
Lengfelden
Gablöd
Streicherberg
Hochbuchet
Brunnholz
Feldsberg
Sagmeisterhof
Tbc-Kinder-Heilstätte
Zieglreuth
Sandberg
Schleiferberg
Sulzsteg
Nicolaholz
Höflein
Oberstadler
Englbolding
Neureut
Unterod
Stuhlberg
Kinsing
Witzmansberg

bedeckten noch vor Jahrzehnten die Liegewiesen des *Freibades Bschütt* und den Zeltplatz des *Faltbootheimes* der Wildwasserfahrer.

Die ***St.-Salvator-Kirche** am Fuß des Georgsberges vor der alten Ilzbrücke ist ein ausgefallener gotischer Bau, dessen Meister böhmische und sächsische Formen verarbeitete. Sie wurde 1479 anstelle einer zerstörten Synagoge (vgl. S. 90) erbaut und besteht auf fast quadrtischer Baufläche, zunächst den Hang ausgleichend, aus einer kurzen Unterkirche, der *Krypta zum hl. Kreuz* (1483). Der zentral wirkende *Oberraum* (30 x 30 m) darüber hat die Gestalt des Chores einer breiten Langhauskirche, die im Felsmassiv zu denken wäre. Der *Kapellenumgang* der tiefen Westempore schafft große Arkaden. Ein reich verschlungenes Rippennetz mit ausgefallenen Profilen, besonders in den oberen südl. Kapellen, wurde erst 1570 vollendet. Die Kirche war Wallfahrtsziel und 1501 bis 1803 mit einem Kollegiatstift verbunden, dann Tagelöhnerwohnung. 1860 wurde sie unter Bischof Heinrich wieder instand gesetzt. 1978 ließ die Diözese sie wiederum renovieren und übernahm 1983 auch das inzwischen erneuerte Propsteigebäude. Die Kirche dient heute vor allem kulturellen Zwecken.

Gegenüber am Hang des *Klosterberges* drängen sich Häuser zwischen Gassen und Treppen zusammen. Der Anstieg hier war der Beginn des ‘Goldenen Steiges’, woran Namen wie ‘Säumertor’ und ‘Säumersteig’ erinnern. Man gewinnt hier kaum bekannte Ansichten des Festungsberges und der Stadt. Auf die Höhe führen verschiedene Gassen und Schlängelpfade.

Die **Pfarrkirche St. Bartholomäus** blieb als spätgotische Vorstadtkirche mit einem weiträumigen Langhaus und einem spitzen schlanken Glockenturm inmitten der Häuser erhalten. Im Chor *Glasgemälde* des 15. Jahrhunderts. Die *Apostelfiguren* zwischen den Kreuzrippen sind 17. Jh., das Tonnengewölbe barock; *St. Bartholomäus,* mehrere Heiligengestalten (1720; J. Hartmann) und zwei wertvolle *Reliquiare* gehören zur Ausstattung. Der ursprüngliche Hochaltar wurde 1897 abgetragen. Zwei Hochaltarfiguren, *Aaron* und *Melchisedech,* wurden zusammen mit einem spätgotischen Kruzifix und zwei Volutenaufsatzengeln zu einem neuen Altarensemble zusammengestellt. Sie werden als Spätwerke der Passauer Högenwaldwerkstatt angesehen (17./18. Jh.). *Bilder vom Hostienfrevel* berichten, wie ein unter der Folter eingestandener Raub des hl. Brotes 1476 eine grausame Judenverfolgung auslöste, in der die jüdischen Familien umgebracht oder verjagt wurden. Zur Sühne der vorgeblichen Untat, wohl auch der unchristlichen Morde, begann man 1479 anstelle der zerstörten Synagoge die Erlöserkirche St. Salvator zu bauen.

Oben auf dem Klosterberg liegt das *Salvatorkolleg,* ein Studienkolleg für den Salvatorianerorden. Das nach beiden Seiten hin erweiterte Landschloß des 17. Jh. war einst Besitz des Klosters Niedernburg und heißt daher auch 'Nonnengut'. Wenn man der Klosterbergstraße weiter folgt, gelangt man zum *Ebnerhof,* einem Vierkanthof unter einer 200jährigen Linde. Das Gelände gehört heute der Zahnradfabrik Passau. – Grubweg s. S. 91.

Die Freyunger Straße (B 12) verlängert den Ort ilzaufwärts. Noch stehen die alten Häuser, z.B. das *Malzhaus* (Nr. 70), wo der Fürstbischof im 16. Jh. ein Getreidelagerhaus errichtete, um in das einträgliche Braugeschäft einzusteigen. Der alte *Hof Christdobl* (Nr. 66) ist heute Lager des Münchner Löwenbräus. Davor zweigt eine Zufahrt in ein stark ansteigendes Bachtal ein, wo ein modernes *Gesundheitszentrum* mit Schwimmbecken und Sauna geführt wird.

Nach HALS biegt man in der großen Linkskurve der B 12 auf der Ilzleite in ein beschauliches Gartenhausviertel ein. Die Stille des Marktes Hals macht sich bemerkbar. Die 1351 erwähnte, aber sicher ältere *Friedhofskirche St. Achatius* erhielt um 1700 zwei Seitenschiffe, und 1974 wurde sie neu hergerichtet. Das *Altargemälde* (1696) stellt das Martyrium des Kirchenheiligen und seiner Soldaten dar. Über der Sakristeitür eine *Madonna* von 1520; Kanzel von 1696. Eine der zwei Hochwassermarken zeigt für 1954 2.62 m an.

Hinter der Stadtbrücke über die Ilz rundet sich der kleine Marktplatz mit alten Gasthöfen und dem *Rathaus* von 1510, vor dem noch ein Pranger steht. Die *Pfarrkirche St. Georg* und eine Zahl Häuser verbrannten am 30. April 1945 im amerikanischen Granatfeuer, das dem Angriff ilzabwärts voranging.

Auf einem Gneiskegel in einer Schleife des Flusses entstand um 1108 die **Burg Hals,** Stammsitz der Grafen von Hals, die in den Besitz der Bayernherzöge gelangte. Ein steiler Fußweg führt in 5 Min. empor in die Gemäuer der einst stark gesicherten Gebäude. Geschützte Mauerwerke erlauben Talblicke nach allen Seiten, besonders in die Tiefe auf den Ilzdurchbruch. Der Marktort zu Füßen bekam 1376 das Stadtrecht, blieb aber an Passau gebunden, zumal Wagen nur von dorther eine Zufahrt fanden. Auch heute schätzt man seine Abseitigkeit als Urlaubsort, der er schon einmal war, als Pfarrer Kneipp sein Wasserheilverfahren bekannt gemacht hatte und Leute von Rang Aufenthalt nahmen. Peter Rosegger verweilte hier, und Franz Léhar schrieb im Gasthof seine erste Operette "Wiener Frauen". – Die Anliegerstraße an der Pfarrkirche gestattet zu Fuß in 30 Min. zur Donau zurückzukehren längs der schnellströmenden Ilz, die vor dem Sieglberg ein noch unverdorbenes Tal durcheilt.

Am Marktplatz nimmt ein markierter Wanderweg zur *Triftsperre* (gleichnamiges Restaurant und Pension) seinen Anfang. Er führt durch den Triftstollen in 60 Min. zum Halser Marktplatz zurück. Zwar ist dieser Weg befahrbar, aber so eng, daß ein Besuch zu Fuß vorzuziehen ist. Am Ausgang von Hals r. ein Stauwehr, das die Ilz in einen langen Stollen einläßt, um den Stadtwerken Strom zuzuführen. An Sommertagen sind die Ufer des *Halser Freibades* und die Ilzgestade weit hinauf von Erholungsuchenden bevölkert. Das moorhaltige Bergwasser zwischen den hohen kühlen Waldhängen gewinnt auch bei Kurzbesuchern Passaus an Beliebtheit.

Die *Ilzschlucht, felsig und bewaldet, zerteilt den Ilzgau von Norden nach Süden, und nur eine Querstraße überwindet bei Fischhaus die tiefe Rinne zwischen Ruderting und Hutthurm. Gehöfte und alte Mühlen liegen im dunklen Grund. Man wandert am Wasser entweder einsam oder als Zuschauer an Wildwasserrennen, über die Oberilzmühle, Fischhaus und Kalteneck bis zur *Aumühle*.

Das HOLZ aus den Waldgebieten war in Passau eine begehrte Ware seit dem frühen Mittelalter. Seine zunehmende Abfuhr stellte Fürstbischof v. Rabatta auf den Wasserweg um und ließ für die sog. Passauer Trift eine Anzahl noch heute erhaltener fester Anlagen errichten. Zur Erneuerung wurde 1827–31 eine Sperre gebaut und der Berg auf 130 m Länge durchbohrt, um die in der Ilzschleife mit Wasserkraft arbeitenden Gewerbe vor der Holztrift zu schützen. Seit 1926 haben Straße und Schiene die Holzabfuhr übernommen. Nun kann man an der Waldschenke über einen gewinkelten Steg den 4 m breiten und 4,5 m hohen **Triftstollen** besichtigen bzw. auf dem in halber Höhe eingehauenen Triftweg durchwandern und links der Ilz nach Hals zurückkehren.

Ein noch weit älteres Gewerbe an der Ilz ist die PERLFISCHEREI. Wenn die Urkunden von 1437 oder 1493 Schedls Weltchronik recht berichten, trugen die Grafen im Ilzgau und die Äbte auf ihren Gewändern Perlen. Unter starkem Zwang füllten die Wittelsbacher ihr Staatssäckel damit auf. Königlich bayerische Vorschriften mußten regelmäßig von den Pfarrern verlesen werden, das Baden und Aufheben von Muscheln am Ufer war streng untersagt. Raubbau und Diebstahl, Blöchertrift und Abwässer haben mittlerweile die Perlfischerei unergiebig gemacht, doch vergibt der Staat das Fischereirecht heute wieder an Private, die Mühe und Kosten nicht scheuen, um die Perlmuschel im bayerischen Wald am Leben zu erhalten.

Von der Ilzstadt führt die Obernzeller Straße (B 388) hart an der Donau hin und die Straße Klosterberg über die Höhe hinweg nach dem Stadtteil GRUBWEG.

Grubweg, das vor einem Jahrhundert keine dreißig Häuser besaß, ist heute vor allem durch Wohn- und Betriebsanlagen der Zahnradfabrik geprägt und besitzt inzwischen etwas über 8 000 Einwohner. Hohe Wohnblöcke überziehen die flache Senke zur Ilz im Westen, eine landschaftsfreundliche Siedlung fällt den Schneckenberg im Süden zur Donau hinab. Eine Buslinie (Nr. 1) verbindet über die zunehmend bebaute Höhe (Schulbergstraße) die Bayerwaldstraße nach Freyung (B 12) mit der Donautalstraße nach Obernzell.

Die **Zahnradfabrik Passau GmbH** an der *Kräutlsteinbrücke* (1907) für die Güterbahn über die Donau ist mit 4 000 Werkangehörigen Passaus wirtschaftliches Rückgrat und der größte Arbeitgeber. Dort wurden 1946 große Werkhallen der Kriegszeit von der Zahnradfabrik in Friedrichshafen für die Herstellung von Triebwerken für Ackerschlepper hergerichtet. Beihilfen für Fracht- und Stromkosten und Kredite aus dem Subventionsprogramm für grenznahe Gebiete halfen eine europäische Spezialfabrik aufbauen, die sich auch mit Mähdreschern in den internationalen Maschinenmarkt einschaltete. Inzwischen reicht das Gelände an der Donaustraße nicht mehr. Neue Bauten wurden nördlich von Hals nahe der B 85 errichtet.

Der *Bahnhof Lindau* hinter der Zahnradfabrik wurde vor einigen Jahren stillgelegt. Bekannt ist dort am Waldrand der *Gasthof Schützenhaus* mit einem Saal für Tagungen und Feste. Auf halber Höhe des Schneckenberges liegt die *Pfarrkirche St. Michael,* ein Rundbau (1962; Haffner). Dem farbgläsernen Unterbau des Kirchenraumes ist eine halboffene, hohe Schalenwand entgegengestellt, die den Altar heraushebt, der aus einer Laterne im Kirchendach Licht erhält.

Von der höher gelegenen ev. *Johanneskirche* blickt man über die Donau auf die Zollstation Achleiten. Das *Firmiangut* von 1770, heute Gaststätte, war Wohnschlößchen der Nichte des Fürstbischofs Firmian; seinen Park bedeckt heute der *Sportplatz Grubweg.* Eine empfehlenswerte *Pension* (Firmiangut) wurde 1973 daran angebaut.

Der höchste Punkt des *Schulberges* bietet eine Rundsicht beim Wasserhäuschen am Säumerweg neben dem *Parkfriedhof Grubweg.* Sie reicht von Bad Kellberg über das österreichische Innviertel mit dem Haugstein (876 m) und dem Fronberg mit Aussichtsturm (589 m) bis zum Oberhaus. Die *Friedhofskapelle,* innen ein helles Holzzelt mit Spitzdach, besitzt ein vielgestaltiges Hängekreuz und eine Farbglaswand von D. Stauber (1967).

14. Hacklberg. Schloß und Park Freudenhain

Am Nordufer der Donau, links der steilen Kurven der Neuen Rieser Straße (B 85), liegt der Stadtteil HACKLBERG (5 400 Bewohner). Er streckt sich von der Vilshofener Straße am Ufer (305 m) bis zur Ries empor (429 m; Gasth.; Buslinie 4), wo ein runder Wasserturm wie ein Burgturm aufragt. Westlich der *St. Stefan-Siedlung,* jenseits des Lüftlberges, gehören noch die Siedlung MAIERHOF am Kachlet und SCHALDING (l.d.D) zum Stadtgebiet, in denen ein Sechstel der

Bevölkerung wohnt. Die Stadtbuslinie Nr. 4 nimmt die Stephanstraße zur Ries hinauf; die Waldbahn, die vom Hauptbahnhof her unterhalb der Kachletstaustufe die Donau kreuzt, durchfährt nach Norden ein straßenloses Waldtal in Richtung Freyung.

Drei fürstbischöfliche Schlösser, die moderne Kirche St. Stephan, der Stadtpark und die Aussicht von der Ries, die Glockengießerei Perner, die Schleu **enanlagen** am Kachlet, der nächtliche Blick aus der Maierhofsiedlung auf das beleuchtete Passau, die Autobahnbrücke bei Schalding sind aufsuchenswert. An der Schanzlbrücke stehen als Brückenzeichen *Die Drei Fische* von F. Theuerjahr (1971).

Zwischen den 'autogerechten' Nordzufahrten zur Schanzlbrücke wurde ein spätgotischer Schloßbau nahezu eingemauert, doch – etwas verkürzt – vor dem Abbruch gerettet. Das **Schlößchen Eggendobl** (= toben) hat seinen Namen vom ehem. Wildbachaustritt aus der Schlucht und entstand unter Fürstbischof Georg 1394 aus einem Landsitz; im 16. Jh. diente es den Domherren zur Erholung. Schiffsleute ließen in der Schloßkapelle Totenmessen für ertrunkene Gefährten lesen. Nachdem es Sitz des Landrichters gewesen war, kam im 19. Jh. die Passauer Porzellanfabrik darin unter. Von der barocken Veränderung zeugt die Fassade (1625; Francesco Garbanino) mit einer Apostelstatue aus der Votivkirche. Heute Privatbesitz.

Am Hang über der Straße erstreckt sich der 1 qkm große *Stadtpark* nach Westen; an seinem Ostrand liegt auf halber Höhe das ehem. fürstbischöfliche ***Schloß Freudenhain,** ein anmutiger klassizistischer Bau von Georg Hagenauer (1790) für Kardinal Josef Graf von Auersperg erbaut. Er ist seit 1954 Lehrerinnenseminar und *Auersperggymnasium* der Englischen Fräulein. Eine Kutschenanfahrt geleitet zum zweistöckigen Mittelbau mit dem Wappen des Kardinals von Auersperg unter einem dreibogigen Balkon; die auf entsprechend kleinere Mittelteile abgestimmten, rotgedeckten Schloßflügel umgeben einen Rokokogarten und schließen ihn durch ein hohes Gitter mit zwei Einfahrtstoren ab. Im Inneren hat der Wiener Stuckateur Martin Karl Keller das Treppenhaus im Fürstenbau und die angrenzenden Räume im Stil Ludwigs XVI. vornehm ausgestattet.

Dieser nur wenige Jahre benutzte Sommersitz des Fürstbischofs wurde als eines der schönsten Lustschlösser des 18. Jh. angesehen. Nicht zuletzt hatte es sein Englischer Garten – eben der heutige Stadtpark – weithin berühmt gemacht. Dem höfischen Adel und seinem gelehrten Gefolge sollte Schloß 'Freudenhain' der Ort von Hofsitten entspannter, doch standesgemäßer Erholung sein.

Der **Stadtpark**. Nach dem Vorbild des Petit Trianon zu Versailles schufen Christoph und Carl Hartmayer aus den Niederlanden und der Franzose Renfrode zusammen mit Hagenauer nach den damaligen Regeln der Garten- und Landschaftsarchitektur den ganzen Kanon vom Tartarus zum Elyseum in 40 Einzelstücken. Davon sind nur noch Reste erhalten: das *chinesische Teehaus* als Parkwächterhaus; die *Grotte* der ägyptischen Göttin Kanope; das *Speisehaus,* heute Parkwirtschaft; das holländische Dörfchen *Plantage* als Gartensiedlung; ein *Pavillon* im Fuchsloch. Man erwägt die Wiederherstellung der Anlagen nach einer alten Stahltischreihe. In der Mitte des Stadtparks liegen die Plätze des *Passauer Tennisclubs* mit aufblasbarer Tennishalle.

Den Fuchslochweg hinuntersteigend, gelangt man zur Brauerei Hacklberg, die den dritten fürstbischöflichen Schloßbau einnimmt. **Schloß Hacklberg** wurde 1692 unter dem Passauer Fürstbischof Johann Philipp Graf Lamberg fertiggestellt. Die Pläne für das bischöfliche Sommerschloß erstellte der Dombaumeister Carlo Lurago. Antonio Riva aus Graubünden führte sie aus. Heute wird die Anlage von der Vilshofener Straße durchschnitten. Das heutige *Brauereigebäude* ragt befremdlich schmal empor und trägt zwei Wappensteine sowie die Büste des Fürstbischofs (1795; Chr. Jorhan d.J.) über der Kellerhallenfassade von Hagenauer (†1835). Zwei klassizistische *Toreinfahrten* öffnen sich auf den eingefaßten Vorhof. Schon in fürstbischöflicher Zeit gehörte eine Brauerei zum Lustschloß. Die *Kellerhallen,* die den neuen Bau bergwärts begleiten, reichen bis ins Fuchsloch hinein, wo sich eine Grottenrückwand vom ehem. Garten findet mit einer Büste des Fürstbischofs v.Thun. Südlich der Straße setzte sich die doppelflügelige Schloßanlage fort. Nach Bombenschäden während des Zweiten Weltkrieges verfiel das Gebäude zusehends. 1981 begann man mit der Restaurierung. Trotz intensiver Bemühungen gelang es bisher nicht, die Carlone-Fresken im Kuppelsaal zu retten. Allerdings ist eine vollständige Innenrestaurierung im Gespräch. Über den Resten des Rokokogartens nimmt am Flußufer die ans Wasser gebaute und teilweise darin aufgeständerte neue Straße nach Vilshofen ihren Lauf als schöne, aussichtsreiche Strecke bis Maierhof mit dem Blick auf das Kachlet und seinen Schleusenbetrieb (S.103).

In der am Hang mit Einfamilienhäusern hochziehenden ST. STEFAN-SIEDLUNG sind zwei Punkte bemerkenswert. Die **Glockengießerei Perner** ist ein Handwerksbetrieb (30 Beschäftigte) von Weltgeltung. Der Inhaber gründete sie nach seiner Vertreibung aus der Tschechoslowakei 1954 in Passau, wo es schon 1850–1945 eine Gießerei für Kirchenglocken gegeben hatte. Sein Unternehmen ist ein Beispiel für die Verschiebung handwerklichen Könnens der Deutschen aus dem Böhmischen in die Bundesrepublik und insbesondere für die Ansiedlung vieler Kleinbetriebe in Niederbayern, die im Familienbetrieb die harten Anfangsjahre der Kapitallosigkeit in neuen Absatzgebieten überwanden. Rudolf Perner ist für das Abstimmen eines reinen A-Dur-Geläutes berühmt. Im Nebenbetrieb werden elektrische Turmuhren erzeugt.

Die **Pfarrkirche St.Konrad** am oberen Siedlungsrand ist ein sakral wirkender, gemeindebildender Rundraum, außen mit Granitplatten verkleidet, (1965; S. Östreicher). Altar, Ampel und Tabernakel schuf Leopold Hafner, das eindrucksvolle Hängekreuz über dem Altar Marianne Wimmer aus Passau.

D. INNSTADT

Am rechten Ufer des Inn, der Domstadt gegenüber, liegt die alte Innstadt, ein schmaler, dichter Häuserstreifen an der mittelalterlichen Fernstraße nach Wien. Die erste römische Soldatensiedlung wird sich über die Aue zwischen dem Römerlager Castellum Bojodurum im Osten und der römisch-christlichen Begräbnisstätte im Westen bis zum Steilufer erstreckt haben. Die frühmittelalterliche Stadt, die 1143 eine Brücke an die Altstadt band und im 15. Jh. ummauert wurde, maß zwischen dem Severins- und Kapuzinertor 1800 m bei nur 200 m Breite. Alle Abtrennungspläne zugunsten Österreichs hat sie stets überstanden, wenn auch die Stadtgrenze kaum mehr als ein Kilometer vom Kirchplatz entfernt zugleich Staatsgrenze ist.

Die alte Stadt bildete drei Teile aus: die Innbrückenfahrt (Mariahilfstraße) und den Kirchenplatz mit St. Gertraud, der heutigen Pfarrkirche; flußauf das reiche Viertel der Lederer und Rotgerber mit der ehem. Pfarrkirche St. Severin; flußabwärts das Brauerviertel bis zum Kapuzinerkloster (nach 1803 abgetragen). Die Auffahrt auf den Mariahilfberg durch das Neutor kam im 17. Jh. hinzu. Der Brükkenverkehr schneidet den Kirchenplatz an, winkelt in die Schmiedgasse ab und läuft mit dem Fluß nach Osten. Die nach Süden abzweigenden Straßen werden von drei schluchtartigen, mit kleinen Häusern, alten Mühlen und netten Gastwirtschaften besetzten Bachtälern bestimmt.

Fünf LANDSTRASSENZOLLÄMTER zwingt der nahe Grenzverlauf im Stadtgebiet zu unterhalten: im Westen leitet ein Weg am Inn über das *Zollamt in der Voglau (I)* auf die Höhe nach Wernstein; im Lindental am Beiderbach zwischen dem Kühberg und dem Mariahilfberg gibt es keine Grenzüberfahrt; über dem Mariahilfberg liegt am Ende einer Lindenallee das *Zoll-*

amt Mariahilf (II) hin zur österr. B 129 nach Schärding; am Mühlbach steigt die Mühltalstraße zum *Zollamt Saming (III)* und nach Schardenberg auf; die Linzer Straße zwischen dem Mariahilfberg und dem Hammerberg führt auf aussichtsreiche Höhen ohne Übergang; die Freinberger Straße am Haibach erreicht nach dem *Zollamt Bayr. Haibach (IV)* Freinberg, Aigen und Asing; schließlich läuft an der Donau die Kapuziner/Wiener Straße zum *Zollamt Achleiten (V)*, schon auf österreichischem Boden, wo 5 km vom Ludwigsplatz entfernt die österr. B 130, die sog. Nibelungenstraße, beginnt.

15. Innbrücken. Kirchenplatz. St. Severin

Die **Marienbrücke,** Passaus erste Brücke zur Innenstadt, wurde 1143 geschlagen. Bischof Reginbert schuf damit statt der Fähre, deren Einnahmen zudem ans Nikolakloster gingen, eine feste Fahrstraße in den Ostbereich des Bistums. Die 270 m lange Marienbrücke trug in der Mitte ihrer 13 ungleichen Pfahljoche ein großes Holzkreuz. 1471 wurden die im Beiderwiestal gefaßten Quellen in Holzröhren darüber in die Stadt geleitet. Die Brückenauffahrt wurde 1546 in das Residenztor einbezogen, und Kardinal Firmian trennte die Auffahrt wieder vom Tor (1768), wovon eine *Bleitafel* am Redoutengebäude berichtet; ein *Gedenkstein* in der Brüstung hingegen zeigt die frühere Lage an. 1846 wurde eine neue Brücke, die 'Ludwigsbrücke', geweiht, 1875 durch Eisenträger verstärkt, 1945 von den letzten deutschen Verteidigern am 3. Mai zerstört. Seit Ende 1947 stellt eine neue Marienbrücke mit neun Öffnungen die Verbindung wieder her. Trotz 6.70 m Fahrbahnbreite und zwei Fußsteigen genügt sie dem Nahverkehr nicht mehr. Die unübersichtliche Auffahrt auf der Domseite und die enge Zufahrt in der Innenstadt führen oft zu Stauungen. Der Bau einer zweiten Innbrücke ist seit längerer Zeit in der Diskussion. Er würde allerdings einen weiteren harten Eingriff in die Tallandschaft bedeuten.

Ein Fußgänger findet von der Nibelungenhalle durch die Augustinergasse über den **Innsteg** einen kurzen Weg zur Kirche St. Severin. Er kreuzt den Fluß an der alten Urfahr (= Überfahrt), wo das Kloster im Mittelalter einen Innhafen besaß. Eine 'Innsteig AG' errichtete ihn 1916 an Hängeseilen über zwei Betonpfeilern mit 170 m Spannweite 3 m breit und erhob dafür bis 1978 Brückenzoll, daher 'Fünferlsteg'. Auch dieser Flußübergang wurde 1945 gesprengt und war erst 1947 wieder begehbar, inzwischen also gebührenfrei.

Die 110 m lange **Eisenbahnbrücke** weiter innaufwärts wurde 1859 von der K.u.K. Österr. Staatsbahn für ihre 'Elisabethbahn' gebaut, die an die bayerische Linie anschloß. Österreichische Grenzbeamte bezogen 1860 einen Flügel des Passauer Bahnhofs. Auf den zweigleisigen Ausbau von 1938 folgte 1945 die Zerstörung. Von den vier Ecktürmchen aus der Erbauerzeit blickt nur noch eines auf die Züge nach Wien und Belgrad.

Der von hohen Bürgerhäusern und der St. Gertraudkirche eingefaßte kleine Kirchenplatz ist der Wegestern an der Brückenauffahrt. Die Schmiedgasse nimmt den Verkehr an sich; Löwengrube, Lederergasse, Reitergasse mit der Jahnstraße dahinter, bieten ruhige Spaziergänge inmitten alter Häuser. Nur wenige Oberbauten überstanden den 1809 von der französischen Besatzung verursachten Stadtbrand. Das Kuchlerhaus an der Westseite, nach dem Weinwirt und Schiffsmeister, der es 1810 erneuern ließ, auch *Lüfteneggerhaus* genannt, ist ein kleines Glanzstück des Rokoko. Im Erdgeschoß verblieb ein Vorstadtpostamt von der einst lebhaften Poststation für den Wiener Verkehr; danach barg es die Kuchlersche Lederfabrik. Am Eingang zur Löwengrube stehen das *Wannenhaus*, eine *Apotheke* von 1809, das *Haus eines Seifensieders;* ein *Lebzelter* in Nr. 2 vertrat ein weiteres Handwerk. Der *Pfarrhof* nimmt die Platzecke gegenüber der Kirche ein. Im *Goldenen Ochsen* (Mariahilfstr. Nr.5) finden unter niedrigen Gewölben Berufstätige und Schüler einen preiswerten Mittagstisch.

Die **Pfarrkirche St. Gertraud** wurde 1143 durch Bischof Reginbert neben der Innbrücke zusammen mit einem Spitalbau errichtet, nach dem Innstadtbrand nach einem Entwurf des Passauer Bildhauers Chr. Jorhan d.J. 1815 in klassizistischem Stil wiederaufgebaut, erweitert und im Inneren nochmals verändert. Unter den Ausstattungsstücken befindet sich die früher in St. Severin aufbewahrte **Severinsmadonna,* ein bedeutendes Schnitzwerk des donauländischen Raumes um 1450, das zum Reigen der 'schönen Madonnen' zählt.

Wo die Häuser der Löwengrube dem Dom ihre Rückseite zeigen, führen zwei Treppengänge zum Innufer hinunter: der Uferweg ist zwar nicht promenadenartig ausgebaut, aber mit schönem Stadtblick auf einem Kilometer begehbar (Bus Nr. 6 nach Achleiten). Auf dem Strom lagen einst, wie alte Bilder zeigen und es seit 1160 belegt ist, ein Dutzend Schiffsmühlen im Besitz des Domkapitels. Sie waren als Lehen vergeben. Drei alte Gasthöfe, heute Bierstuben 'vergolden' die Lederergasse: *Zum Goldenen Anker, Zum Goldenen Kreuz* und *Zum Landsknecht.* In Nr. 22 ist ein gotischer Hausflur erhalten. Hier auf dem Weg zu Passaus Friedhöfen will man keinen Einbahnverkehr einrichten. Wer nur St. Severin besuchen möchte, gehe daher der Engstellen wegen besser zu Fuß und kehre längs der Stadtmauer mit Einblick in die neuen Ausgrabungen in der Jahnstraße zum Kirchenplatz oder über den Innsteg ('Fünferlsteg') zum Ludwigsplatz zurück (10 Min.).

Das **Severinstor,** auch 'Peichtertor' genannt, schließt die Lederergasse ab. Sein innerer Torturm wurde abgebrochen, die Außenmauer (1414) zeigt die Kettenöffnungen der Zugbrücke über den Beiderbach und Schießscharten einer späteren Bestückung. Der anstehende

Peichterturm mit dem Walmdach ist der mächtigste der doppelten Befestigungsmauer (1403), die mit hohen Viereckürmen und halbrunden Zwingtürmen hier und ostwärts der Mariahilfstraße in der Römerstraße noch gut erhalten ist. 'Peichter' ist der aus dem Lateinischen stark gewandelte Name des Castellum Bojodurum, der zu Bojotro, Boitro – später zu Peutra und Peiter – zusammengezogen wurde und dem Stadtteil Beiderwies vor dem Severinstor im Lindental verblieb. 1974 legten Ausgrabungen Fundamente des spätrömischen *Kastells Bojotro* (ca. 260–470 n. Chr.) frei, das nahe am römischen Innübergang angelegt worden war. Das ursprüngliche Kastell befand sich weiter östlich bei Rosenau. – Das renovierte *Gruberhaus* aus dem 15. Jh. wurde als Museum eingerichtet, in dem die Ausgrabungsfunde zu besichtigen sind. An dem kleinen Platz um das Severinstor fallen in den Grabsteingeschäften, dem 'Passauer Land' entsprechend, silbergraue Granitplatten ins Auge, wie sie in mehr als einem Dutzend Betrieben in der Umgebung gebrochen, bearbeitet und weithin ausgeführt werden. Den Aufgang zum Innsteg rahmt die Friedhofsgärtnerei. Der *Blick von der Mitte des Stroms auf die Domstadt und über die Dächer der Innstadt nach Mariahilf ist ein Höhepunkt.

Den *Beiderwiesbach* begleiten am Hang ältere, in dem kurzen Lindental weiter oben neuere Einfamilienhäuser, wo sich die Zufahrten zu einzelnen Höfen vor der hier nicht überfahrbaren Grenze verästeln. Warenlosen Wanderern ist der Grenzübertritt nirgends verboten. Nach kurzem Anstieg leitet l. der Brunnhäuslweg eben und mit schönen Ausblicken in die große Kurve der Mariahilfstraße zurück. Auf der Höhe des Kühbergs ein lokaler Sender des Bayerischen Rundfunks. Die Ahnen des bayerischen Komikers Weiß Ferdl stammen aus diesem Tal.

Die **Friedhofskirche St. Severin** steht auf dem römisch-christlichen Grund, wo der heilige Mönch Severinus an der kurzen Überfahrt zwischen den römischen Provinzen Norikum und Rätien um 450 ein kleines Kloster erbaute und von dort den geordneten Rückzug der Bewohner der Halbinsel Batava vor den gefährlich werdenden Germanenstämmen in Gang setzte (vgl. die Vita des hl. Severinus von Eugippius, geschr. um 512). Ausgrabungen um 1976 lieferten den Beweis, daß seit römischer Zeit hier ständig eine Kirche bestanden hat. Es gelang, den Grundriß einer frühchristlichen Saalkirche mit angrenzenden Räumen zu rekonstruieren (möglicherweise waren es Klosterräume). Etwa um 1000 entstand ein Folgebau unter teilweiser Verwendung der alten Fundamente, allerdings mit großem Quertrakt an der

Westseite, noch an der sog. 'Severinszelle' zu erkennen. Der Überlieferung nach wohnte der hl. Severin nie bei den Mönchen. Die heutige Kirche besteht aus einem breiten, einschiffigen Langhaus des 12. Jh. Der groß geöffnete, eingezogene Chor mit spätgotischer Rippenwölbung und ein kurzer Turm wurden 1476 angefügt, im 16. Jh. eine flache Holzdecke eingezogen. Das *Chorkruzifix* ist von etwa 1450; das eigenartige *Sakramentshäuschen* trägt die Jahreszahl 1600; an der Sakristeitür hängt ein gotischer Türklopfer. 1976–81 wurde die Kirche einer Gesamtrenovierung unterzogen. Dabei fand man beim Abbruch des spätgotischen Hauptaltars mehrere Stoffbeutel mit Reliquien, die auf das 6. Jh. datiert wurden. Es ist möglich, daß der hl. Severin sie aus Italien für die Basilika in Bojotro kommen ließ. Sie befinden sich heute sichtbar im Stipes des Altares, den L. Hafner schuf. An den Außenmauern finden sich sehenswerte *Grabplatten* vom 13. bis zum 20. Jh., darunter zwei des Passauer Bildners Jörg Gartner: die des Wolfgang Käser (†1515) und des Jörg Prenzl (†1519); die Nordseite zeigt *Grabinschriften* von Domherren seit dem 18. Jh. bis zur Gegenwart; ein römischer *Leichenstein* aus dem 3. Jh., der des Zolleinnehmers Faustinius, trägt das Weihwasserbecken an der Eingangstür. Den Friedhof schließt eine moderne *Leichenhalle* ab.

Längs der Mauer des städtischen Friedhofes gelangt man in die VOGLAU, ein paar ländliche Häuser am Fluß, sowie zu dem kleinen Zollamt. Zum *Salvatorianerkolleg* hinaufführt findet sich eine starke Straßensteigung (über 25%), entschädigt aber mit einem umfassenden Rückblick auf das neue Passau (Weststadt). Auf einem kurvenreichen Wiesen- und Waldweg über die Hochfläche erreicht man die Schärdinger Landstraße.

16. Der Mariahilfberg

Vom Kirchplatz steigt man geradeaus nach der Straßenenge am ehem. Neutor steil bergan. In einem Arztgebäude von 1887 ist das für den staatlichen Hochbau in Ostbayern verantwortliche *Landbauamt* untergebracht, das u.a. für die Errichtung der Universitätsbauten zuständig war und ist.

Die **Wallfahrtskirche Mariahilf** (358 m) ist auf dem zum Inn abfallenden Berg in beherrschender Lage an den Osthang gerückt. In der ummauerten, durch ein Hoftor abgeschlossenen kleinen Klosteranlage (Kapuzinerkustodie) steht die bescheidene, aber berühmte Gnadenkirche längs der Talseite. Sie wurde 1627 von Francesco Garbanino aus Passau auf Veranlassung des Stifters der Wallfahrten, die um 1622 begannen, mit seinem Wappen in der Fassade erbaut. Das 33 m hohe Turmpaar erhielt seine eigenartigen Kuppeln nach dem Stadtbrand von 1662: je eine Zwiebelhaube krönt ein von Voluten gebildetes offenes Laternenviereck.

Der langgestreckte KIRCHENRAUM endet schlicht in einem halbrunden Chor zwischen zwei Seitenkapellen. Nur ein aufgemaltes Brokatmuster hebt sein Gewölbe etwas heraus (1725). Im *Hochaltar* (1729) ist das wunderwirkende Marienbild, eine Kopie nach Lukas Cranach d.Ä., aufgestellt. Den l. *Seitenaltar* schmückt ein Gemälde des Passauer Rokokomalers Johan Bergler d.J.; im Mittelschiff hängt die von Leopold gestiftete *Kaiserampel,* ein von Lucas Lang 1676 gefertigtes, hervorragendes Beispiel Augsburger Goldschmiedekunst. Die Gnadenstätte ist reich an ungewöhnlichen Gaben; an den Wänden des Beichtganges hängen türkische Waffen, nach der Befreiung Wiens (1683) hier dargebracht; in den Umgängen, wo die Wallfahrtsstiege vom Kapuzinerplatz mündet, sind in Volkskunst ausgeführte *Votivtafeln* und Opfergaben gesammelt. Vom Ostchor gelangt man in die Sakristei (Untergeschoß), in der ein *Wallfahrtsmuseum* eingerichtet wurde. Sehenswert ist allein das reichgeschnitzte Schrankwerk von 1628. Die ehemalige Schatzkammer über der Sakristei dient heute als Musiksaal.

Die ehem. Verkaufsstände im HOF sind kapellenartig mit modernen Reliefs gestaltet. In der Nordwestecke steht das *Schlößchen* des Gründers Marquard v. Schwendi. Im Berggarten wurde 1638 ein barockes sechseckiges Häuschen mit gotischen Zügen und Schindelhelmdach über dem *St. Annenbrunnen* errichtet. Auf den Südosthängen über dem Mühltal zeigen sich Ausformungen napoleonischer Schanzen von 1809 und neben der Wallfahrtsstiege drunten Mauern des ehem. Kapuzinerklosters (1610–1803). Oberhalb der Wallfahrtskirche wurde die Waldschloßallee zum Zollamt die Achse für ein gepflegtes Wohnviertel, das sich hangabwärts nach Westen ins Lindental erstreckt (Mozart-, Schubert-, Haydnstraße).

Der Wallfahrtsort hat einen ungewöhnlichen Ursprung. Leopold, Erzherzog von Österreich und Bischof von Passau, erhielt 1611 vom Kurfürsten Georg von Sachsen in Dresden ein Marienbild des Lukas Cranach d.Ä. zum Geschenk. In Passau ließ es der fromme Domherr v. Schwendi von dem Maler Pius um 1620 kopieren, bevor es die Hofburg in Innsbruck bekam. Von seinem Garten in der Innstadt sah der Domherr Lichter und hörte frommen Gesang auf dem Kapuzinerberg. Durch den Bau einer Andachtskapelle (1622), in der er die Cranachkopie zur Verehrung aufstellte, wollte er seine Gesichte als Stifter einer Wallfahrt verwirklichen. Das Muttergottesbild wurde weltberühmt und zum Urbild vieler weiterer Kopien. Erst danach besann man sich auf das Original. Seit 1650 befindet es sich auf dem Hochaltar der St. Jakobskirche in Innsbruck. Zwischen den Türken- und Franzosenkriegen war Passau das Ziel vieler Gläubiger. 100 000 Kommunikanten zählte man 1745, doch weniger als in Altötting. Beinahe wäre die Kirche Napoleons Befehl, rund um die Stadt ein freies Schußfeld zu schaffen, zum Opfer gefallen. Heute ist es an den alten Wallfahrtstagen still, aber das Gotteshaus ist als Traukirche beliebt.

17. Kapuzinerplatz. Mühltal. Rosenau

Am Kapuzinerplatz wurde 1869 das alte Stadttor abgerissen; heute ist er zum Wendeplatz des Einbahnverkehrs von Mariahilf herab geworden. Hier unterhält beiderseits der Straße die **Innstadtbrauerei** (Schmiedgasse Nr. 23) ihren Betrieb in alter Hofform, deren Dächer und Brauschornstein vom Innkai der Altstadt gut auszumachen sind. – Neben dem Kellereingang beginnt hinter einem bescheidenen Barockportal (1628) die holzgedeckte Wallfahrtsstiege zur Mariahilfkirche, die im 19. Jh. in Stein aufgeführt wurde. Fromme Beter erstiegen die 321 Stufen auf den Knien. – Dem alten *Leprosenhaus* (Kapuzinerstr. Nr. 32; A. 17. Jh.), einem Vorläufer der mittelalterlichen Spitalgründungen, gab der Bischof 1160 drei Schiffsmühlen zu Lehen.

Zwischen niedrigen Häusern und Werkstätten zweigt eine Fahrstraße südlich ins Mühltal ab, dem wohl beschaulichsten Tal am Stadtrand. – Die Linzer Straße sperrt friedlich ein *Zolltor* des 15. Jh. ('Portalstöckl'), und Bürgerhäuser in ältester Form mit mäßig geneigtem Dach über holzverschaltem Giebelfeld liegen nahebei. Die Straße führt auf den **Hammerberg,** auf dem einmal ein Schlageterkreuz stand; die politische Jugend errichtete 1956 statt dessen ein zweibalkiges *Stephanskreuz* zum Andenken an den Aufstand in Ungarn.

Der *Rundblick umfaßt den ganzen Bayerwaldkranz, über dem Panorama der Dreiflüssestadt im Stromkessel, von l.n.r.: Arber, Rachel, Lusen, Dreisessel, Lichtenauer, Staffelberg, Ameisberg und der Haugstein im österreichischen Sauwald. Felsöffnungen am Fuß des Berges boten den Innstädtern Schutz vor den letzten Bomben des Krieges.

Verläßt man die Hauptverkehrsstraße und kreuzt nach links das Bahngleis vor dem Haltepunkt Rosenau, so führt der Rosenauer Weg in der Flußaue an der größten Donaubreite gegenüber dem bewaldeten Steinabbruch der Obernzeller Leithe zum Dörfchen HAIBACH, jetzt Stadtteil mit den auf halber Höhe auffällig ins Bild gerückten neuen Siedlungsklötzen an der Göttweigerstraße. Im Bachtal steigt die Freinberger Straße zur Grenze, zum *Zollamt Bay-*

risch Haibach in längeren, locker und hübsch besiedelten Hängen langsam aufwärts. Beim *Gasthof Blaas* (preiswert u. gepflegt) auf der Höhe vor Freinberg öffnet sich eine überraschende *Aussicht auf die tief unten in der Ferne scheinbar auf dem Wasser schwimmende Domstadt. Die Hochebene bietet sich als ein welliges Hügelland mit Höfen und Weilern zwischen dunklen Wäldern dar.

Vor dem *Deutschen Zollamt Achleiten,* schon auf österr. Boden, endet 5 km vom Ludwigsplatz entfernt, der Stadtbereich. Donautal, Faberhof, Engelhartszell und Jochenstein s. Teil IV.

E. DIE WESTLICHEN STADTTEILE

Passaus westliche Stadtbereiche entwickelten sich rasch und zwangsläufig an drei maßgebenden Straßen, die zwischen Donau und Inn zu unterschiedlichen Wohnvierteln und Kleinindustriebezirken bis zum Neuburger Wald ausfächern: die Regensburger Straße begleitet – als B 8 – die Bahnanlagen auf der Donauaue; Sie wird allerdings durch die neue Autobahn A 3 zunehmend entlastet werden; in der Mitte verläuft – als B 12 – die Neuburger Straße über Neuburg am Inn nach München und trägt die Hauptlast des Kraftverkehrs; die Innstraße am schmalen Innufer ist eine innerstädtische Sackgasse und endet an der Innschlucht.

18. Regensburger Straße. Staustufe Kachlet

Die Regensburger Straße verläuft längs der Donau und erreicht, 10 km vom Rathaus entfernt, die Stadtgrenze bei Seestetten. Im Stadtteil AUERBACH legte man 1880 einen **Winterhafen** an, Zuflucht der Zillen, Schlepper und Fahrgastschiffe, und verband ihn 1904 durch einen Damm mit der *Insel Racklau.* Die hohen Speicher der Deutschen Silogesellschaft und des Bayerischen Lloyd fassen 4000 bzw. 12000 t Korn; 90 Schiffe nimmt das Hafenbecken auf. Die *Niederösterr. Winzergenossenschaft* (Krems) unterhält eine Niederlage auf der Halbinsel. Auch die **Stadtwerke Passau** verlegten ihren Sitz vom Bahnhofsvorgelände an die Regensburger Straße. Seit 1862 versorgen sie die Stadt mit Gas, Strom und Wasser.

Das aus Ingolstadt in Bahntankwagen flüssig bezogene GAS wird in zwei automatisch gesteuerten Butanluftmischanlagen aufbereitet und in das 80 km umfassende Rohrnetz gedrückt. 1981 fiel dann nach langen Kontroversen die Entscheidung für den Anschluß an das deutsche Erdgasverbundsystem über die MEGAL, die russisches Erdgas nach Westeuropa liefert. – Passaus STROM stammt zu 90% aus einer Verbundversorgung Oberbayerns durch die OBAG; doch werden immerhin 13% durch zwei eigene Wasserkraftwerke an der Ilz oberhalb Hals gedeckt. – Das WASSER erbohrte man im Mittelalter aus dem

Grund. Im 16. Jh. wurden Quellbäche aus dem Beiderwiestal in Holzröhren über die Innbrücke zur Bischofsresidenz geleitet. Eine erste allgemeine Wasserversorgung stellte die Erschließung von 100 Quellen im Neuburger Wald dar, heute ein Wasserschutzgebiet. Man errichtete 1890 auf dem Spitzberg einen Behälter, der 25 l in der Sekunde abgibt. Da heute der Wasserverbrauch in Spitzenzeiten das Zehnfache beträgt, beruht die Hauptversorgung seit 1926 auf dem Donauwasser, das auf der österr. Donauinsel 'Soldatenau' unterhalb Passaus unterirdisch abgezapft wird. Ein *Horizontalfilterbrunnen* mit sieben Vortrieben sammelt etwa 9 m unter der Flußsohle das Wasser, und luftfreie Leitungen heben es zum Pumpwerk Stadtau. Dreimal noch greifen Pumpen ein, bevor es die höchste Verteilerstation 140 m über dem Fluß erreicht und in rd 210 km Leitungen abfließt. Eine zweite Brunnenanlage wurde 1980 in Betrieb genommen und sichert die Versorgung auch, wenn möglicherweise die Anlagen im Neuburger Wald aus Wasserschutzgründen aufgegeben werden.

Der VERKEHRSBETRIEB Mühlweg, 2121, die vierte Abteilung der Stadtwerke, unterhält sieben Stadtverkehrslinien mit 32 Bussen und zwei Ringlinien auf einem 69 km langen Streckennetz. Zwei weitere Linien betreibt das *Reisebüro Niedermayer* (Bahnhofstr. Nr. 30) auf privater Basis, während die Verbindungen im Landkreis und darüber hinaus von der *Bundespost,* der *Bundesbahn* und verschiedenen Privatunternehmen hergestellt werden. Leider ist ein Fahrpreisverbund aller Beteiligten noch nicht in Aussicht.

Wo in Auerbach die Fürstenzeller Straße abzweigt, rückte eine Reihe gewerblicher Großbauten den Berg hinauf, darunter der rotweiße Klotz des Möbelhändlers Hiendl. Die alten Ortskerne von Neustift und Rittsteig mit Kirchen und Höfen werden durch die Anlage von Wohnvierteln völlig überformt. An die Schulen in NEUSTIFT schließt sich ein Freibad mit zwei Becken an (1973); auch das Hallenbad der Schule ist nachmittags öffentlich. Bei dem kleinen Einkaufsplatz und dem Hotelrest. Pell die *Auferstehung-Christi-Kirche* (1959). In ihr hängt ein Altarrelief des Bildhauers Hafner (1960), eine mit Kupfer überzogene Holzplastik der Auferstehungssymbole; ferner besitzt sie eine frühbarocke Madonnenstatue aus Holz. – Am Bahnhof Neustift beginnt schon der Neuburger Wald. Auf der Straße zum Stadtteil RITTSTEIG nahm ein Kunsthandwerksbetrieb für Kirchengeräte ein Haus, und auch hier ist der Waldrand nicht ohne Industrie. Aus dem Hof von F. X. Wieninger entwickelte sich eine moderne Hefefabrik mit hohem Schornstein. Am Weg nach Heining fand Carossa auf dem Bauernhof Gion das Vorbild für seinen Arzt Gion.

Die **Staustufe Kachlet,** zwischen den Stadtteilen Auerbach und Heining, ist eine Schiffsschleuse und ein Kraftwerk, die von der *Rhein-Main-Donau AG* zur Verbesserung der Schiffahrt und für die Vollendung des Wasserweges zwischen Holland und dem Schwarzen Meer angelegt und 1927 vollendet wurden. Im Rhein-Main-Donau-Kanal fehlen nur noch 80 km zwischen Nürnberg und Regensburg, ein ständiger Streitpunkt zwischen Wirtschaft und Umweltschutz, inzwischen ein Politikum erster Ordnung. Hier wurde 4 km oberhalb Passaus eine gefährliche Felsenstrecke durch einen 9 m hohen und 24 km langen Rückstau beseitigt. Die Schiffe wurden früher bergwärts der Stromstrecke mit einem Haken 'gehachelt', was über 'G'hachelt' zum Namen führte. Schiffe bis zu 1 500 t finden jetzt 2,5 m Unterwasser und die Fische eine Fischleiter am Nordufer.

Das 175 m breite Wehr hat 6 Öffnungen zu je 25 m Breite und 5 m breite Pfeiler. Das Maschinenhaus ist von der tiefsten Sohle an 39,2 m hoch. Kaplanturbinen von je 7 000 kW mit 8 Drehstromgeneratoren von je 8 500 kW erzeugen im Jahresmittel 319 GWh oder 53 000 kW für die *Bayernwerk AG München,* das ist ein Fünfzigstel der von der OBAG in Bayern im Verbund verteilten Energie. Parkplätze zu beiden Seiten erleichtern auf der Ausfahrt aus Passau einen Blick über das Oberwasser oder von einem Fußgängersteig über dem Wehr und längs des Krafthauses auf die Tosbecken oder in die Schleusenanlage zur Beobachtung der Schiffsmanöver.

Hinter der Staustufe Kachlet steht der Donauspiegel fast in Straßenhöhe. Der Stadtteil HEINING ist aus einer alten Gemeinde hervorgegangen, für deren **Pfarrkirche St. Severin** die Donau nicht Grenze, sondern Mitte des Pfarrbereichs war. Die Kirche aus dem 12./13. Jh. mit einem hochgotischen Altarraum von 1469 und einem barocken *Hochaltar* hat eine der wohlgelungensten Zwiebelkuppeln der Gegend. Zum *Friedhof* muß man in die 1. Seitenstraße rechtzeitig einlenken und bis zur Tankstelle durchfahren. Dort steht auf dem *Grab des Dichters Hans Carossa* (1878–1956) auf der Granitplatte sein Spruch:

Gestirne steigen – da wird noch klarer
Dein stiller Auftrag – noch wunderbarer.
Es raunen Quellen – unirdisch leise.
Tief will ich schlafen – auch Rast ist Reise.

Das Industriegelände an der breit ausgebauten B 8 zwischen dem Bahnkörper und dem Strom hebt Heinings Bedeutung durch ansprechende Bauten, darunter solche des *Siemens-Gerätewerkes,* Regensburg, mit rd 400 Beschäftigten.

Die **Schaldinger Autobahnbrücke** der unfertigen Autobahn Regensburg–Linz (BAB 15), 7 km oberhalb Passaus, liegt im Stadtbereich und ist, solange sie nur dem kleinen Verkehr dient, wegen ihrer landschaftlich schönen Lage auf dem Blick auf die bewaldeten Stromufer einen Ausflug wert. Mit steilen Auffahrten verbindet sie zwei Orte gleichen Namens: Schalding r.d.D. und Schalding l.d.D. (= links der Donau). Die Entfernung zwischen den beiden im Strom gegründeten, nachts angestrahlten Pfeilern beträgt 160 m.

19. Neuburger Straße. Dreiflüssestadion

Die Neuburger Straße ist bis Kohlbruck des Begehens oder Befahrens wert für den, der im Gemisch der hier schnurhaft aufgereihten Wohn-, Wirtschafts- und Kulturgebäude das Werden einer modernen Vorstadt verfolgen möchte. Der Schmale Rücken des *Spitzberges* zwang alle größere Bauten, an die Straße heranzurücken. Auf den Hängen dahinter liegen allenfalls Familienhäuser oder noch grasiges Bauland; steile Sträßlein kurven zum Inn hinunter. Zu Anfang thront die **Löwenbrauerei Passau** über dem Kleinen Exerzierplatz noch immer wie ein Schloß, obwohl ein ausdrucksloses Lagerhaus die 60-m-Front des alten Maschinenhauses (1899) halb verdeckt. Diese größte der fünf Passauer Bierbrauereien hat 250 Beschäftigte. Eingang bergwärts Franz-Stockbauer-Weg Nr. 13.

Wo die Nibelungenstraße geradeaus abzweigt, steht r. das Büro- und Druckhaus der **Passauer Neuen Presse** *(PNP)*. Ihre Gesamtauflage von 160 000 Stück schließt 14 Bezirksausgaben ein für ein Gebiet von 720 000 Einw. bzw. 225 000 Haushaltungen, ein Zeichen für die einflußreiche Meinungsbildung dieses zwar überparteilichen, aber der CSU nahestehenden Blattes in ostbayerischen Gemeinden.

Von der Nibelungenstraße führt ein kurzer Fußweg zur Höhe hinauf, deren Grünanlagen einen schönen Blick über die Stadt und auf das Oberhaus gewähren. Hier errichteten um 1890 die ersten Fabrikanten den Spitzberg hinauf ihre Wohnhäuser und bieten heute, namentlich auf der über den Bergrücken weiterführenden Hochstraße, Einblicke in die Hausformen und Stile eines bis heute weitergewachsenen Wohnviertels.

In beherrschender Lage, fast auf der Höhe des Spitzberges, hier 'Windschnur' genannt, erbaute man nach Plänen von 1905 (J. Scholl) bis 1923 in Neubarock die **St. Antonkirche** für die damals größte Gemeinde des Bistums und wahrte vortrefflich die Merkmale dieses Stiles trotz klassizistischer und Jugendstilelemente. Der 52 m hohe Kuppelturm setzt, wo der Dom im Tal dem Blick entschwindet, auf der Höhe ein stadteigenes Zeichen neben die dünne Nadel des Fernsehturms. Das steile Dach und der freigeschwungene Baukörper umschließen ein ovales Innere mit zwei Anräumen in der Längsachse. Das *Allerheiligste* ist in einem zerklüfteten, mannshohen Bronzeblock, dem Kosmos auf den vier Evangelien, eingeschlossen (1960; L. Hafner). Die Ausmalung folgt den Barockmalereien von St. Nikola auch inhaltlich.

Klobige, großfenstrige Betonbauten passen sich einfallsreich dem Berghang an: die *Allgemeine Ortskrankenkasse (AOK;* 1970) und ein ausgedehntes **Schulzentrum,** bestehend aus einer Realschule, einer Wirtschaftsaufbauschule und einer Berufsoberschule für Wirtschaftszweig, mit über 1700 Schülern, das sich im Hang und Park mit einer

Volks-, Haupt- und Sonderschule abrundet. Die ev. *Friedenskirche* und ihr nadelspitzer Glockenturm wurden 1963 in den Berghang gesetzt (H. E. Wörlen) und nach den sieben Gnadenkirchen benannt, die nach dem Westfälischen Frieden in Deutschland gebaut worden sind. Der ausblickreiche Winklersteig führt zur Spitalhofstraße (S. 108) hinunter.

Der **Fernsehturm** (1963; 52 m) steht 383 m ü.d.M. und strahlt das 2. und 3. Programm aus, während ein Umsetzer auf dem Oberhaus das 1. Programm weitergibt. Zwei weitere Nebensender auf der Ries und in Haibach und ein Rundfunknebensender auf dem Kühberg sorgen für einen guten Empfang in den tiefen Tälern. Der 2-kW-Sender dient gleichzeitig im Richtfunkverfahren dem Nachrichtenverkehr zur Entlastung oder anstelle der Fernsprechkabel nach München. Bei den beiden folgenden Tankstellen führt donauwärts ein Feldweg (300 m) zu einer *Aussichtswiese* mit Sicht auf das stadtgewordene Donautal vom Oberhaus bis zur Kachletstaustufe.

Das langgestreckte *DEZ-Kaufhaus* (Discont-Einkauf Nürnberg, hier Dreiflüsse-Einkaufs-Zentrum) wird seit 1969 von 16 Einzelhandelsfirmen (Konzessionären) betrieben. Das flache Obergeschoß hat in seiner billigen Gaststätte große Aussichtsscheiben auf der Talseite. – Die *Ostbayerischen Milchwerke e.G.* (Nr. 108), nach dem gelben Haidenhof von 1910, geben Aufschluß über einen der wichtigsten bäuerlichen Erwerbszweige in Ostbayern: 8500 Viehhalter im Umkreis bis zu 60 km sind die Zulieferer für die technisierte Aufbereitung von täglich 400000 l Milch; außerdem schaffen Tankzüge wöchentlich z.Z. bis zu 700000 l Milch über den Brenner in den oberitalienischen Industrieraum. – An der Ampel fällt r. die Danziger Straße steil ab (zur Donau und Regensburger Str.), l. unterhält *Passaus Reitclub* seinen Reitstall.

Das **Dreiflüssestadion,** gegenüber dem von Büros und Hallen besetzten Hang, wurde während der Olympischen Spiele 1972 zur Entlastung Münchens bei Fußballvorentscheidungen herangezogen. Auf überdachter Tribüne und weiteren Reihen finden 3000 Zuschauer Sitzplätze und 17000 Stehplätze. Seine gute Aschenbahn ist für jede Art Leichtathletik und das Feld auch für Zielspringen im Fallschirmsport geeignet. Das durchschnittene Gelände im Westen überziehen Reihenhäuser und Wohnsiedlungen, deren Einkaufsmitte den Namen *Goldener Steig* erhielt.

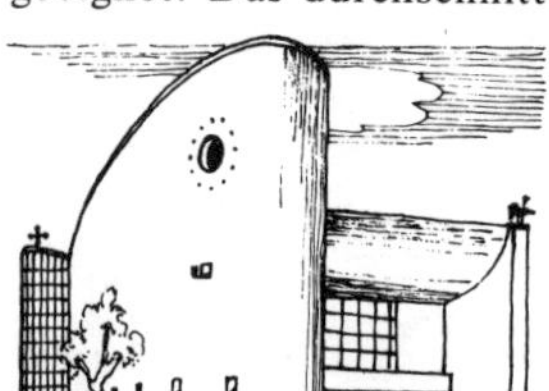

Die moderne **Pfarrkirche St. Peter,** Neuburger Str. 130, ist eine dreischalige Halle aus unverputzter Ziegelmauer von H.J. Lill (1965), mit turmartiger Vorwölbung und einer zum Altar hin ansteigenden Holzdecke. Durch die gläserne Eingangswand geht der Blick auf die Gipfel des Bayerischen Waldes. Der Bildhauer Leopold Hafner aus Aicha, der in einer Reihe Passauer Gotteshäuser zeitgemäße Symbolik vertritt, hat hier die gesamte Ausstattung geschaffen; das *Allerheiligste* befindet sich in einem französischen Kalksteinblock, aus dem Reliefköpfe herausschauen, verborgen wie in der Welt mit ihren vielen Gesichtern. Eine gemeißelte *Muttergottes* hält Jesu Hände. Der riesige, aus Lindenholz geschnitzte *Gekreuzigte* beherrscht den Altarraum.

Es folgen vor dem Neuburger Wald Ausstellungslager und Wagenhöfe. R. im Grünen, auf dem ehem. Großen Exerzierplatz, wurde 1962 die Ritter-von-Scheuring-Kaserne errichtet. Wie in nicht zahlreichen Garnisonstädten halten der Standortkommandant und das *Leichte Pionierbataillon Nr. 240* Verbindung zu den kulturellen Vorgängen und den Bewohnern der Stadt. – Kohlbruck und Neuburger Wald s. Teil IV.

Die Nibelungenstraße zweigt vor dem Spitzberg von der Neuburger Straße ab; ihre Verlängerung, die Spitalhofstr., endet plötzlich mit der Urstromterasse vor dem Kirchhügel von Auerbach (St. Joseph von 1927; Fresken von A. Burkart).

Die **Industrie- und Handelskammer für Niederbayern in Passau,** im 1953 errichteten und 1977–79 erweiterten Gebäude Nibelungenstraße 15 untergebracht, ist – wie auch die Handwerkskammer – Selbstverwaltungsorganisation der niederbayerischen Wirtschaft. Ihr gehören alle Gewerbetreibenden der Industrie und des Groß- und Einzelhandels an, aber auch Hotels und Gaststätten, Verkehrsgewerbe, Handelsvermittlungen, Versicherungen, Kreditgewerbe und sonstige Dienstleistungsbetriebe (insgesamt mehr als 6 000 Firmen und rd 25 000 Kleingewerbetreibende). Neben dem Wirken für die Bezirkswirtschaft erfüllt die Kammer öffentliche Aufgaben, z.B. in der Berufsbildung, erstattet Gutachten und berät die Mitglieder in den vielfältigen Fragen des geschäftlichen Lebens. Seit der Gründung im Jahre 1848 durch König Ludwig I. war es in den über 135 Jahren ihres Bestehens eines der Hauptanliegen, das früher weitgehend landwirtschaftlich ausgerichtete Gebiet zunächst durch den Bau von Eisenbahnen, später Straßen verkehrsmäßig zu erschließen. Während im Zweiten Weltkrieg (die Kammer hatte im Dritten Reich ihre Selbstständigkeit verloren) die "Verwaltung des Mangels" im Vordergrund stand, gehört seitdem die Verbesserung der Wirtschaftsstruktur des durch die Absperrung der CSSR in eine Randlage geratenen Bezirks zu ihren vordringlichen Anliegen.

Das *Kolpinghaus* (Nr. 13) beherbergt junge Angestellte, Arbeiter und Studenten; sein 400 Personen fassender Bühnensaal dient mancher kulturellen Veranstaltung. Auf Nr. 17 wurde 1974 ein modernes

Polizeigebäude für die Landespolizei errichtet, die Bayerische Grenzpolizei hat ihren Sitz in der Nibelungenstr. Nr. 9.

In der Fortsetzung der Nibelungenstraße als Spitalhofstraße entstand eine neue kath. *Christi-Himmelfahrt-Kirche* (Nr. 50) als Tochterkirche (Expositur) von St. Anton. Sie ist aus Beton als fünfeckiges Zelt Gottes mit einem Sozialwohnblock dahinter erbaut. Wo l. die Kraftstraße am Schießstattweg bei einem ländlichen Blockhaus (1932; Nr. 50) endet, schlängelt sich ein Fußpfad durch das Schulzentrum an der Friedenskirche vorüber (s.o.) zur Neuburger Straße empor.

Das Industriegelände an der Spitalhofstraße eröffnet die große *Autowerkstatt Röhr (VW)* zu beiden Seiten der Straße. In schlichter Rechteckblockform behauptet eine kleine *Neuapostolische Kirche* (1974; Nr. 65b) ihren Platz.

20. Innstraße. Innkraftwerk

Die Innstraße führt von der Altstadt längs des Flusses stromauf bis zur Innstaustufe vor dem Neuburger Wald. Den ersten Teil bildet die berühmte baumbestandene *Innpromenade angesichts der Innstadt; dann trennen sie verschiedenartige Bauanlagen vom Wasser. Nach einer häßlichen Engstelle mit alten Gaststuben, hinter der kleinen *Altkatholischen Kirche* (19. Jh.), verbindet der *Innsteg* (S. 96) für Fußgänger die beiden Ufer. Links liegen die Gebäude der noch im Ausbau befindlichen Universität. Rechts das *Finanzamt* und ein guter Blick auf den Chor der Kirche des St.-Nikola-Klosters (S. 46); durch dessen wehrhaftes Düdtor überquert man den Hof zum Kleinen Exerzierplatz. Nach der Bahnunterführung und Eisenbahnbrücke über den Inn beginnt das Gelände der Universität (S. 48), dessen Planung für die kommenden Jahre noch ein Verwaltungsgebäude sowie ein Sportzentrum vorsieht. Gebaut wird z. Zt. ein weiteres Gebäude für die Geisteswissenschaften und der Trakt für die Mathematiker. Die zentralen Einrichtungen wie Rechen- und Sprachenzentrum und die Sporteinrichtungen stehen allen Interessenten offen. Rechts führen mehrfach Straßen hinauf zur Neuburger Straße. Der städtische *Maierhof St. Josef-Spital,* 1714 eingerichtet, war ein landwirtschaftliches Anwesen des Nikolaklosters und wurde 1907 in ein Altersheim mit Hauskirche umgewandelt. Der stille umschlossene Hof läßt noch den alten Gebrauch erkennen. – Es folgen das *Städtische Krankenhaus* (1929; 500 B.) mit einer durch Forschungsergebnisse bekannt gewordenen Strahlen- und Radiologischen Abteilung und am Innufer das *Adalbert-Stifter-Gymnasium* mit 600 Schülern.

Neben dem *Landwirtschaftsamt* ist seit 1959 in dem ehem. großen Garnisonslazarett (1833; Nr. 71) die *Landwirtschaftsschule,* eine wichtige Ausbildungsstätte der Landjugend. Ein moderner Fabrikbau, von halbhohen Baukörpern an der Innfront gegliedert, gehört der *Eterna-Textilfabrik* (600 Beschäftigte).

Eine umfassende Sicht auf die Lage Passaus gewinnt man vor der Innstaustufe, am Eingang zum Kraftwerk, das gegen die Hochwassergefahren und zur Kraftgewinnung dort errichtet worden ist, wo der Inn aus der Vornbacher Enge heraustritt. Seeartig und nur belebt von Wasservögeln, ohne Schiffsverkehr und Bootssport, erstreckt sich der Flußstau 22 km in die Talenge hinauf. Vom Waldparkplatz mit Wegtafel ist es nicht weit bis zum Waldlehrpfad oder auf dem Hang hinauf zum alten *Abrahamhof,* mit Café, Fremdenzimmern, Terrassen und Parkplatz am Waldrand. Von 14 im Neuburger Wald ausgezeichneten Wanderwegen geleitet Nr. 1 über Treppen zur Neuburg empor (9 km; S. 117), zurück mit Bahnbus, und nach Vornbach (15 km; S. 117).

Das **Innkraftwerk Passau-Ingling** steht als letztes Wehr einer Kette von elf Innstauwerken unterm Neuburger Wald, 4,2 km von der Mündung in die Donau entfernt. Die 1950 gegründete *Österreichisch-Bayrische Kraftwerke AG* stellte es für 150 Mio. DM bis 1964 fertig. Das Gesellschaftskapital teilen sich die *Österr. Elektrizitäts-Wirtschafts AG* Wien (Verbundgesellschaft) und auf deutscher Seite der *Freistaat Bayern* und die *Innwerke AG.* Die Wasserführung des Inn beträgt in den drei Werten Niederwasser, Mittelwasser und höchstes Hochwasser 184 – 746 – 7 400 m^3/s. Das bedingt eine Fallhöhe am Wehr von 11,2 – 9,8 – 0 m bzw. den normalen Nutzfall von 10 m. 4 gleiche Kaplanturbinen zu je 30.200 PS, verbunden mit 4 Drehstromschirmgeneratoren, leisten 86 400 kW und erzeugen jährlich 432 Mio kW.

AUSFLUGSZIELE

Von der reichen Fülle an Ausflugszielen beschreiben wir RUNDFAHRTEN zu einigen Nahzielen an der *Donau,* im *Gebiet des Inn* und im Unteren *Bayerischen Wald.* Am Anfang der Rundfahrt steht die Gesamtlänge der Fahrt, die km-Angaben beziehen sich immer auf die Entfernung von Passau-Mitte. Hingewiesen sei auf die Kapitel *Donau* und *Bücher und Karten.*

Donauabwärts bis Jochenstein/Engelhartszell (52 km)

Auf der österr. Bundesstraße Nr. 130 verkehrt täglich von Passau bis Linz die *Nibelungeneilpost,* die auf die Hin- oder Rückfahrt mit dem Schiff abgestimmt ist. Die Kurzfahrten der *Passauer Ausflugsschiffe* enden in Obernzell; von dort Rundfahrten zum Kraftwerk Jochenstein.

Unsere Rundfahrt beginnt auf dem r. Innufer. Man fährt über die Marienbrücke in die Innstadt (S. 96) und durchfährt diese flußabwärts an der Innmündung vorüber. – 2 km der Stadtteil Rosenau (S. 101). – 4 km *Zollamt Achleiten.* Die an der Grenze beginnende österreichische Bundesstraße Nr. 130 trägt den Namen Nibelungenstraße. Nach der Überlieferung zogen auf diesem Wege die 6000 Mannen König Gunthers, von Troßschiffen auf der Donau begleitet, nach Ungarn zum Fest am Hofe König Etzels, wo sie ihren Untergang fanden.

Die Straße folgt den Flußbiegungen dicht am Ufer. Im Strom die 2½ km lange *Insel Soldatenau,* wo ein 1926/28 angelegtes Pumpwerk Trinkwasser für die Stadt Passau aus dem Donauschotter fördert. Die Talsohle weitet sich und gibt Gehöften und Ackerflächen Raum. Das gute *Donauhotel Faberhof* ist ein beliebtes Ausflugsziel der Passauer. – 7 km *Schildorf* an der Einmündung eines kleinen Nebenarmes der Donau. Hier finden Wettkämpfe im Eisschießen statt. – 9 km *Unter-Esternberg,* das zu dem in den ansteigenden Bergwäldern liegenden Ferienort Esternberg gehört. In der spätgotischen Kirche wertvolle Grabsteine.

Auf dem nördlichen Donauufer blickt man ins Erlautal hinein und umrundet dann einen zweiten Donaubogen unter herantretenden Felsen, von denen *Burg Krämpelstein* herabblickt, das ‘Schneiderschlößl’ in August v. Platens Gedicht. Passauer Stromvögte hielten es im 15. Jh. besetzt. Der Turm blieb bis heute unverändert; bereits in römischer Zeit existierte hier ein Wachposten. Die schroffen Leiten auf dem anderen, deutschen Ufer wurden nach dem Heimatdichter *Max-Matheis-Höhe* (500 m) benannt.

12 km *Pyrawang*. In der restaurierten Barockkirche alte gotische Fresken. Gegenüber von dem Markt und Schloß *Obernzell* (Wagenfähre mit Zollstelle) überquert die Straße einen Hügel. – 16 km *Kasten*, wo eine Seitenstraße in steilen Windungen auf den Gipfel des Sauwaldes, den 876 m hohen *Haugstein*, hinaufführt. 350 m über dem Strom thront die *Burg Vichtenstein*, ein Jagdschloß der Passauer Bischöfe, dessen Gründung auf das 12. Jh. zurückgeht. Schloßgaststätte.

21 km. Das ***Donaukraftwerk Jochenstein** zählt zu den bedeutendsten Stromkraftwerken im westlichen Europa. Nach einem Regierungsabkommen mit Österreich erbaute die 1952 in Passau gegründete *Donaukraftwerk Jochenstein AG* für 290 Mio DM ein Grenzkraftwerk mit einer Leistung von 850 Mio kW im Regeljahr. Das Grundkapital von 20 Mio DM teilen sich die *Rhein-Main-Donau AG* in München und die *Österr. Elektrizitätswirtschafts-AG* in Wien. Pläne bestehen, dem Laufkraftwerk am Strom ein Pumpspeicherwerk mit einem Oberbecken auf der Höhe anzufügen.

Die Wehr- und Schleusenanlagen sind auf Grantigneis gegründet und messen von der Sohle bis zum First 51,87 m. 6 Wehrfelder, je 24 m weit, mit Pfeilern von je 6 m Breite, ergeben quer zur Stromrichtung eine Länge von 152,4 m. Die zwei nebeneinander liegenden Kammerschleusen sind ebenfalls 24 m weit und können bei 230 m Länge einen ganzen Schleppzug von einem Zugschiff und vier zweifach gekoppelten Lastkähnen ungeteilt aufnehmen. In 20 Min. wird ein Schiff um rd 9 m abgesenkt.

Der *Jochensteinfelsen,* heute eingebettet in den Leitdamm der Schleusenausfahrt, war einst von den Schiffern gefürchtet wie die Loreley auf dem Rhein (Sage von der Nixe Isa), ist aber ungefährlich geworden. Oben eine Figur des hl. Nepomuk und eine kleine Kapelle. Auf der Jochensteiner Leite, 200–300 m über der Donau, stehen die Ruinen der Burgen *Alt-* und *Neu-Jochenstein.*

26 km **Engelhartszell** (307 m; 1 300 E.), ein hübsch gelegener alter Markt mit Donaupromenade und alten und neuen Gaststätten, ein österreichisches Touristenzentrum. Die gotische *Pfarrkirche* (1459) wurde im 17. Jh. barockisiert, besitzt aber eine Reihe Bildwerke aus der ersten Bauzeit. Das am Ostrand gelegene ehem. Zisterzienserkloster **Engelszell** (1285, 1293–1786) gehört seit 1925 dem Trappistenorden als einziges Kloster und Abtei in Österreich. Die *Rokokostiftskirche,* im Inneren heiter, beinahe zierlich, verzierte 1763 Johann Georg Übel-

herr, Hauptmeister der Wessobrunner Schule; die Altarbilder Bartolomeo Altomontes aus Passau fügen sich vortrefflich ein. Das Deckenfresko im Langhaus (1957; F. Fröhlich) ist gut erneuert worden. Am Gestühl war im 18. Jh. J. Deutschmann aus Passau tätig. An der Klosterpforte werden Liköre aus eigener Erzeugung verkauft.

Von Engelhartszell Rückfahrt auf der gleichen Strecke bis zur Autofähre, mit der man nach Obernzell übersetzt.

35 km **Obernzell** (290–600 m; 3 600 E.), Bürgerhäuser säumen den reizvollen langen Markt und Fischerhäuser die Uferseite. Das *Schloß Obernzell* mit Schopfwalmdach und zwei achteckigen Wehrtürmen wurde 1426 vom Passauer Bischof erbaut. Im Innern sehenswerte Kassettendecken. Die Säle wurden vor einigen Jahren restauriert. Seit 1982 sind hier Keramiksammlungen des Bayerischen Nationalmuseums zu besichtigen. Obernzell war einst Zentrum einer bedeutenden lokalen Hafnerei. Nahebei liegt die *Kreuzsäulkapelle* (16. Jh.). Die Pfarrkirche stammt von 1739, ihr Turm von 1896; die schöne Kanzel ist von einer Papstfigur gekrönt. Das Donaukraftwerk Jochenstein, der Fremdenverkehr, Graphithandel, eine Schuhfabrik brachten Wohlstand. Auf 22 km Länge ist der Strom aufgestaut und der Wassersport dadurch begünstigt. Zum ausgebauten *Hafen* (1974) – ein zweiter ist geplant – gehören alle Dienste fürs Rudern, Segeln, Motorbootfahren und eine Wasserskischule.

Von Obernzell nach dem *Kraftwerk Jochenstein* (S. 111) entweder mit dem Auto (hin und zurück) 16 km oder mit dem Schiff als Rundfahrt.

Zurück nach Passau folgt man der B 388 auf dem nördlichen Donauufer. – 40 km **Erlau** (293 m) an der Einmündung des tief eingeschnittenen *Erlautales.* Hier endete 1367 in einer blutigen Schlacht der Versuch der Passauer, die bischöfliche Herrschaft abzuschütteln. Malerischer Blick auf die über dem jenseitigen Donauufer thronende kleine Burg Krämpelstein (s. oben). – Die Straße verläuft weiterhin zwischen der Donau und der Bahn. 46 km Gasthof *Löwmühle* an der Einmündung des Satzbachtales, wo man das Passauer Stadtgebiet erreicht. – 48 km *Grubweg* (S. 91) – 50 km *Ilzstadt* (S. 87), wo man die *Ilz* überschreitet. – 52 km *Passau.*

Donauaufwärts bis Vilshofen (42 km)

Man folgt von der Schanzlbrücke an der Regensburger Straße *(B 8)* durch das Bahnhofsviertel und die Stadtteile *Auerbach-Heining* (Kachletwerk S. 103). – In *Schalding,* wie S. 104 beschrieben, unterquert man die Autoahnbrücke.

7 km. Das *Löwendenkmal* am Ufer steht an der alten Stadtgrenze. Die Inschrift feiert König Maximilian I., der hier 1823 'über von keinem Wanderer je betretene Felsen, dem öffentlichen Verkehre diese sichere Bahn öffnete'. Bis 1973 ruhte der Löwe in der Felsenwand, die

auch 1859 dem Bahnbau Schwierigkeiten bereitete, wo auf brüchigem Gneis der Neuburger Wald (S. 114) den Fluß säumt. Pflanzen- und Vogelwelt im Flußbereich machen die Weiterfahrt reizvoll; doch ist die Engstrecke sehr unfallträchtig.

11 km *Seestetten.* Hier verbrachte der Dichter Hans Carossa (S. 104) seine Jugend. Die alte, kurvenreiche Strecke oberhalb der neuen bietet schöne Ausblicke über die Stromlandschaft. – 13 km **Sandbach** (310 m; 1300 E.), reizvoll von ‘Donauleiten’, ansteigenden Flußufern, umgeben. Die 1972 erbaute Pfarrkirche kehrt gegen Osten eine abweisende Betonwand, gegen Westen eine Wand aus farbigem Glas. In der Ortsmitte r. zur *Donaufähre,* die drei Personenwagen gemächlich übers Wasser setzt. Diese letzte der ‘Färgen’ zwischen Passau und Vilshofen bringt den Autofahrer in der gewaltigen Biegung des Flusses mit der Donau an einer ihrer schönsten Stellen in nahe Berührung.

An der höher laufenden alten Straße liegt 2 km hinter Sandbach **Hausbach** mit dem gotischen Rundkirchlein *St. Magdalena.* (15. Jh.). Kreuzgratrippen stützen aus einer mächtigen Mittelsäule heraus zunächst ein Achteck ab. Darüber erhebt sich ein spitzes Kegeldach mit barocken Türmchen (1761; Schlüssel im Wirtshaus).

20 km **Vilshofen** (315 m; 14 700 E.), mit Stadtrecht seit 1206, ist eine gewerbereiche Kleinstadt an der Mündung der *Vils* in die Donau. Die Umgehungsstraße verläuft auf dem 3 km langen, 5 m hohen *Flutwasserdamm,* der die Stadt seit 1959 schützt. Die 1777 zuerst geschlagene Brücke wurde nach dem Weltkrieg durch einen großen Eisenbau erneuert. Den Stadtplatz schließt ein *Stadttorturm* (1642) mit flacher Kuppel wirkungsvoll ab, das Wahrzeichen der Stadt. Eine gleichlaufende Straße bildet mit ihr einen regelmäßigen Plan, in dem nach dem Brand von 1794 allerdings nur wenige ‘Innstadthäuser’ stehenblieben. Auch die *Pfarrkirche St. Johannis Baptist* aus dem 13./14. Jh. wurde 1803 stark verändert. Sie übernahm die geschnitzten *Altareinrichtungen des aufgelösten Klosters St. Nikola in Passau, die in dem 1974 erneut instand gesetzten kleinen, aber breiten Kirchenschiff mit eingezogenem Chor, dunkelbraun und golden vor weißem Grund, wundervoll zur Geltung kommen (J. Hartmann, M. Götz, um 1715). – Auf der gegenüberliegenden Donauseite liegt die **Wallfahrtskirche Mariahilf,** ein Kuppelbau aus dem 17. Jh., den italienische Künstler mit beachtenswerten Fresken ausschmückten. – Rückfahrt lohnend auch über *Ortenburg* und *Fürstenzell,* s. S. 115.

Für die Rückfahrt überquert man die Donau nach (21 km) *Schmalhof* und folgt nun dem linken Ufer bis zur Anlegestelle der Fähre von Sandbach. – 24 km *Windorf* (306 m), große Gemeinde an der Einmündung des Perlbaches. – 28 km **Deichselberg.** Hier zweigt links eine Bergstraße ab, die über (2 km) Otterskirchen den *Ebersberg* (577 m) erreicht, von wo ein Aussichtsturm weite Rundsicht bietet. – 32 km *Gaishofen* mit Kirche am Ufer und dem 'Fischerstüberl' (empfohlen). – 35 km *Schalding l.d.D.* (links der Donau). – 36 km *Gaißa* mit Brücke über den gleichnamigen Fluß. – 39 km *Maierhof,* ansprechende Siedlung über dem Kachletkraftwerk (S. 103). – 41 km *Hacklberg* (S. 92), Passauer Stadtteil, in dem die sehenswerten Schlösser Hacklberg und Freudenhain, mit großen Park, liegen. – 42 km *Passau.*

Neuburger Wald. Fürstenzell. Ortenburg (46 km)

Der Passau im Südwesten vorgelagerte Neuburger Wald, ein großartig geschlossener Staatsforst, zieht sich vom Innlauf (310 m) wellig auf naturgeschützten Leiten (= Abbrüchen) über die *Platte* (499 m) bei Altenmarkt hinunter zur Donau. Von Neuburg am Inn bis Seestetten an der Donau erreicht er eine Länge von etwa 15 km bei 4 bis 8 km Tiefe. Das einst abgesunkene Felsgebirge füllte sich mit tertiärem Quarzschotter, in den das Wasser unregelmäßige Schluchten schnitt. Seine Wiesenmulden und Moore bilden Passaus unentbehrliches Wasserschutzgebiet. Der Forsthege gelingt es allmählich, die vorherrschenden Fichten durch Mischwald mit Ahorn, Eichen und Erlen zu ersetzen. Strecken am Inn bilden herrlichen Buchenwald, und vielfältiges Tierleben trifft der Wanderer an.

Der Forst ist überall leicht zugänglich. Nach den Plänen des Fremdenverkehrsvereins Passau und des Bayerischen Waldvereins Passau (vgl. dessen Wanderkarte) wurden rund um Passau über 100 reizvolle *Wanderwege* angelegt.

AUSGANGSPUNKTE mit Parkplätzen und Weisungstafeln sind:
Kohlbruck an der B 12, Endstelle des Bus Nr. 1, sowie Haltestellen der Kraftpost nach Bad Füssing in der Waldmitte, vor Schloß Straß, in Neuburg;
Rittsteig, Endstellen Niedermayerlinien N/1 und N/2;
Altenmarkt, Haltestellen der Kraftpost nach Fürstenzell in Haarschedl, auf der Platte, in Rehschaln, Kleingern;
Wörth an der Donau, Niedermayerlinie N/1 bis Schalding r.d.D.;
Seestetten a.d.D., Bahnpost nach Vilshofen.

Hervorzuheben sind: der *Waldlehrpfad* am Inn beim Abrahamhof, Fußweg zum *Klettergarten* und bis Neuburg 90 Min.; das *Johanneskapellchen* eines Maurerpoliers von 1852, Beginn des längsten Wanderweges nach Seestetten (18 km) beim Gasthof Kohlbruck im Fichtenhochwald über die *Platte* (499 m) mit *Aussichtsturm* und einer Gaststätte an einer Bergwiese auf der Wasserscheide; die *Wallfahrtskapelle Heiligenbrunn* zwischen Rittsteig und dem Dorf Jägerwirth (von dort auch anzufahren), wo eine Erscheinung im Jahr 1780 die Fassung einer Wiesenquelle mit heilbringendem Wasser veranlaßte (Marienfigur); 1600 als Wallfahrtsort beurkundet, offene Kapelle aus Granitstein von 1964.

Auf der R e g e n s b u r g e r S t r a ß e (B 8; S. 102) fährt man kurz vor der Donaueisenbahnbrücke links bergauf (Steinbachstraße) in den *Stadtteil Neustift* (4 km; S. 103, Freibad) und folgt beim Hotel-Restaurant Pell (gelobt) der gewundenen Fürstenzeller Straße hügelauf und -ab bis zum Austritt aus dem Neuburger Wald im Westen; rechts geht es nach Heiligenbrunn, links zum Café/Rest. *Zur Platte* (Aussichtsterrasse, Tischbestellung an Wochenenden ratsam). – Das hübsche Höhendorf *Rehschaln* gehört zu (9 km) *Altenmarkt* am Rande der großen Senke, die man nach Süden hin durchfährt. 500 m östlich die *Platte* (499 m), die höchste Erhebung im Neuburger Wald, mit Aussichtsturm und Gaststätte.

14 km **Fürstenzell** (360 m; 6 000 E.), ein ehem. Ackerbürgerstädtchen, aus dem die Türme der bedeutenden Abteikirche herausragen. Die Fürstenzeller Dorfstraße des 19. Jh. hat sich zu einer schmucken Einkaufsstraße der bäuerlichen Umgebung gewandelt. Die ABTEIKIRCHE MARIÄ HIMMELFAHRT, Dom des Rottales genannt, stiftete der Domherr Hartwig von Passau 1274 für ein Zisterzienserkloster. Den prunkvollen Neubau der Kirche (1746) übernahm der Münchner Hofbaumeister J. M. Fischer mit Meistern seiner Zeit: J.B. Straub, Hofbildhauer in München, schuf den Hochaltar, M. Götz die Seitenaltäre; J. B. Modler stuckierte den prächtigen Innenschmuck; J. J. Zeiller malte die Decken und Altäre. Um diesen Höhepunkt bayerischer Barockarchitektur gruppiert sich eine weiträumige Anlage, in der die KLOSTERRBIBLIOTHEK zu einem Glanzstück des Rokoko geriet. Das doppelstöckige, von Atlanten getragene Emporenschrankwerk zieren grotesk geschnitzte Figuren, in denen J. Deutschmann aus Passau den ehrlichen und den unehrlichen Kampf in der Literatur darstellen wollte.– 1930 bezogen Maristen aus Westfalen das Kloster und betreiben neben ihren Überseeaufgaben auch zwei moderne Klosterschulen.

Zwei einfache Kurorte liegen in unmittelbarer Nachbarschaft: 3 km südlich **Bad Höhenstadt** (367 m) mit Schwefel- und Moorbädern, seit dem 17. Jh. gegen Gicht, Rheuma und Kreislaufbeschwerden bekannt. Der Münchner Hofbaumeister Leo v. Klenze entwarf 1841 das Kurhaus in romantisch-klassizistischem Stil.

2 km südwestlich **Bad Pilzweg** (380 m), das wohl kleinste Heilbad Deutschlands, mit einer Moorbadeanstalt im Naturheilverfahren, in dem die schwefflige, stark kohlensäurehaltige Erde gegen Frauenleiden und Bandscheibenschäden verwendet wird. Kurhaus Dr. Johannes Schroth; Schroth'sche Kuren nach Naturarzt Dr. Schroth († 1855).

Nach Ortenburg nimmt man am besten die kleine Nebenstraße über Hierling. – 18 km *Jagdhof Scheuereck,* alter herrschaftlicher Vierseithof und beliebtes Passauer Ausflugsziel. – 21 km *Hierling.*

24 km **Ortenburg** (340 m; 2 800 E.), vielbesuchter Erholungsort mit guten Gasthöfen, Hallenbad, beheiztem Freibad am Stausee Unteriglbach und Waldlehrpfad. Über dem *Wolfachtal* thront weithin sichtbar das SCHLOSS der Grafen von Ortenburg, mit dem Marktflecken durch eine alte Lindenallee verbunden. In der umfangreichen Anlage des 12. und 16. Jh. ist die *Schloßkapelle* mit ihrer bemalten *Holzdecke der Renaissance besuchenswert. Sie gilt als die schönste in Deutschland. Wandmalereien des 16.–18. Jh., klassizistische Öfen usw. zeichnen die Schloßräume aus. Sie enthalten außerdem ein Heimatmuseum. Das Grafengeschlecht wandte sich 1563 dem Protestantismus zu und hielt das Ortenburger Land durch Jahrhunderte als Konfessionsenklave im katholischen Bayern. In der *Marktkirche* sind vortreffliche Grabsteine der Landesherren aufgestellt. Einen ausgedehnten WILDPARK (16 ha) ließ die Gräfin zu Ortenburg aus den Schloßwaldungen anlegen, dessen großer Wanderweg (60 Min.) durch ein halbes Dutzend Gehege führt: Damwild, Mufflons, Zwergziegen, Steinwild, Rotwild, Wildschweine. Eine *Caféterrasse,* ein Restaurant in den Schloßgewölben und ein Kinderspielplatz neben der Kleintieranlage runden das 1974 begonnene Unternehmen ab.

Nördlich wurde auf einem 60 000 qm großen Wald- und Wiesenstreifen der *Vogelpark Irgenöd* eingerichtet. Er enthält exotische und einheimische Vogelarten. Besondere Attraktion sind die zahmen Sprechpapageien. – Weiter auf der Straße, die über (28 km) *Galla* und (30 km) *Gaisbruck* hinab zur Donau führt, die man bei (32 km) **Sandbach** erreicht. Von dort auf der *B 8,* wie S. 113 beschrieben, zurück nach (46 km) Passau.

Eine empfehlenswerte Alternative ist die Rückfahrt über *Reisbach,* südlich, und die kürzlich vorbildlich renovierte **Wallfahrtskirche Sammarei** (Sankt Maria) aus dem 17. Jh. Sie enthält im Chor eine Holzkapelle, innen und außen mit Votivbildern geschmückt. Sie gehörte früher zu einem Bauernhof, der 1619 abbrannte. – In *Jaging,* 6 km nördlich, ein Aquarium mit über 200 Arten Tiefseefischen. – Über *Neustift* erreicht man dann, die Bundesstraße querend, *Galla.* Von dort weiter wie o.a.

Inntal bis Neuhaus/Schärding (39 km)

Man folgt aus Passau heraus am besten nicht gleich der Neuburger Straße (B 12), sondern der Innstraße, und fährt vor der *Innstaustufe* (S. 109) r. durch ein hübsches Wohnviertel steil bergan, dann l. auf der B 12 bis (6 km) *Kohlbruck,* Gasthof, Busendstelle Nr. 3 und Ausgangspunkt für Wanderungen im Neuburger Wald (s. S. 114). Nach 4 km Fahrt durch den Forst breitet sich am Südrand das niederbayerische, passauisch orientierte Bauernland in der Isar-Inn-Hügelkette aus. Die flachwelligen Ablagerungen auf den sanft geneigten Talhängen sind mit diluvialem Löß angefüllt, der einen guten Ackerbau ermöglicht.

10 km *Straß,* Ort am Waldrand. Das Hauptgebäude des Schlößchens Straß ist in der Jugendstilzeit als ‘Herrenvilla’ erneuert, sein Hof nach dem Krieg zum Textilbetrieb umgebaut worden. – 11 km *Dommelstadl* (d.i. Tummelstall), so genannt nach den Marställen der Grafen von Neuburg. Glaubensvertriebene aus Österreich führten hier 1732 die Kirsche ein, woraus sich das größte Obstanbaugebiet in Niederbayern entwickelte. An der Straße gegenüber der Kirche zwölf gleichartige Häuschen für Handwerker, die 1666–67 zuerst erbaut wurden. Die Pfarrkirche Hl. Dreifaltigkeit von 1731 hat einen zierlichen Turm mit gedrungener Zwiebelhaube und ist im Sinne des Patronats im Grundriß ein gleichschenkliges Dreieck mit drei Konchen. Im Inneren Stuckarbeiten von J. B. d’Aglio im Rokokostil.

12 km **Neuburg** *am Inn* (408 m; 3 000 E.) ist ein beliebtes Wohnsiedlungsgebiet. Auf dem Hochufer 120 m über dem Fluß liegt das 1908 aus einer halbzerstörten Burg neugestaltete *SCHLOSS NEUBURG, einige Jahrzehnte lang Künstlerheim, seit 1973 aber der Europäischen Akademie des Gustav-Stresemann-Instituts verpachtet, die hier Kurse und Tagungen abhält. Die tausendjährige Burg spielt seit den Kreuzzügen in Passaus Geschichte hinein. Die *Burgkapelle St. Georg* (14. Jh.) wurde bewahrt, auch drei *Steinsäle der Renaissance* mit Terrakotta verkleidet, wie sie in Süddeutschland sonst kaum vorkommen. Schloßmuseum mit antiken Exponaten und Zeugnissen aus den früheren Prachtgemächern. Vom Altan des Schloßhofes ein beeindruckender Tiefblick auf den Inn mit dem Dorf Wernstein (S. 119). Auf dem ‘Künstlersteig’ in 30 Min. nach Vornbach oder stromab ins Naturschutzgebiet zum Klettergarten. Führungen durch die Burg So 11–12 oder nach Anmeldung im *Gasthof Taferne,* der sich aus dem Jahr 1080 herschreibt.

15 km **Vornbach** (313 m; 700 E.). Wo der Inn sich in die steilen Ufer der Vornbacher Enge (Landschaftsschutzgebiet) zwängt, ist die Stammburg der Neuburger Grafen entstanden, die um 1040 darin eine später sehr reiche Benediktinerabtei stifteten. Die Klosterkirche, heute *PFARRKIRCHE MARIÄ HIMMELFAHRT, entstand um 1637 anstelle der romanischen Abteikirche als ein einschiffiger Barockraum mit je vier Kapellennischen unter dem verdeckten Umgang zum Mönchschor. In der frühen Rokokozeit hat die fröhliche Arbeit des Joseph Holzinger das Gewölbe mit bewegtem Bandzierwerk überspannt und mit Putten und Engeln verziert. Die Kirche besitzt eine der

wenigen alten süddeutschen Orgeln, erbaut vom Orgelbaumeister des Passauer Domes Johann Ignaz Egedacher 1732, deren Klangbild des 18. Jh. erhalten bzw. kürzlich in mühevoller Kleinarbeit wiederhergestellt wurde. Zur Zeit der Passauer Europäischen Wochen wird das Gotteshaus wie der Schloßhof der benachbarten Neuburg als festlicher Konzertraum in das Veranstaltungsprogramm einbezogen. Sowohl 1977 als auch ein Jahr später erhielt der kleine Erholungsort das Prädikat »Schönstes Dorf«.

19 km **Neuhaus** *am Inn* (303 m; 3 000 E.) an der Einmündung der Rott. Auf einer Flußinsel liegt das *Schloß,* das zusammen mit dem Turm, dem heutigen Brückenzollhaus, um 1320 als Festungssperre gegenüber dem österr. Städtchen Schärding angelegt und 1750 von Johann Michael Fischer zu einem Barockschloß umgebaut wurde. Heute ist darin ein Institut der Englischen Fräulein für Berufsausbildung mit Internat. – Unmittelbar südlich von Neuhaus führt eine Innbrücke (seit dem 13. Jh. nachgewiesen) mit Zollamt auf österr. Boden, wo man durch das Innviertel die Rückfahrt nehmen kann.

20 km **Schärding** (313 m; 6 120 E.), mittelalterliche Burg- und Straßensiedlung, hoch über dem rechten Innufer gelegen. Erwähnt 804, Stadtrechte seit 1316. Von der Befestigung des 14./15. Jh. sind große Teile der Mauern und Türme erhalten, dazu im Norden das *Wassertor* und *Passauer Tor,* im Osten das *Linzer Tor.* Im Kern der Obere und Untere Stadtplatz mit dem *Rathaus,* dem *Bemalten Haus* und Bürgerhäusern des 16.–19. Jh. in der charakteristischen Inntalbauweise. Am unteren Ende ein modernes Wasserbecken mit Christophorusfigur, gefolgt von einer Häuserreihe, die Silberzeile genannt. Zum Burgberg im Westen führt das Vorburgtor von 1583, in dem das *Stadtmuseum* untergebracht ist. Auf dem Granitfelsen darüber findet man im aussichtsreichen Burgpark nur noch Graben und Zwinger der einstigen Burg. Die ehemals gotische *Pfarrkirche St. Georg* ist 1720–26 von J. Pawanger und J. M. Fischer barock erneuert worden. Seit 1892 existiert hier eine der ältesten Kneippschen Kuranstalten in Österreich. Der Initiator Dr. Ebenhecht war ein Schüler von Sebastian Kneipp.

Man folgt der Straße nach Nordosten durch das oberösterr. Innviertel, das von Salzach, Inn und Donau begrenzt wird. Es ist ein Hügelland mit charakteristischen Bauernhöfen, das bis 1779 zu Bayern gehört hat.

26 km *Zwickledt* (450 m), eine Anzahl von Einzelhöfen. Das Schlößchen Zwickledt westlich des Gasthofes erwarb 1912 der Zeichner,

Maler und Schriftsteller *Alfred Kubin* (1877–1959). Seine Wohnräume mit Werkmappen und der großen Bibliothek (10 000 Bde) sind Staatsbesitz und als Gedenkstätte eingerichtet.

2 km westlich liegt am Inn gegenüber von Neuhaus das Dorf **Wernstein** (313 m), alte Grenzfestung mit Burgruine und hoher Mariensäule von 1667, aus Wien hierhergebracht. An der Südwand der spätgotischen Pfarrkirche das Grab von Alfred Kubin, an der Ostseite ein römischer Stein aus dem Jahre 230.

Von Zwickledt aus führt die Straße nach Norden. – 28 km r. Abzweigung zum Dorf *Schardenberg;* nach 1 km oben im Wald eine Wallfahrtsstätte (Fatimakapelle), etwas weiter, *auf dem Fron,* eine Waldwirtschaft mit Blick auf Passau (Aussichtsturm; 592 m). – Man erreicht dann den Rand der Hochfläche. – 37 km *Zollamt* und Rest. Waldschloß auf der deutsch-österreichischen Grenze, die auch Stadtgrenze von Passau ist. Man fährt auf der Schärdinger Straße zum *Mariahilfberg* (S. 99) und in Kurven hinunter in Passaus *Innstadt* (39 km; S. 96).

Zum Dreisesselberg im Bayerischen Wald (124 km)

Bayerischer Wald oder B a y e r w a l d heißt das ostbayerische Mittelgebirge zwischen der Donau und dem südöstlichen Böhmerwald, der weit in die Tschechoslowakei reicht. *Passau* bildet den besten Ausgangspunkt für Fahrten und Ausflüge in diese Höhenregion, die Einzelhöfe und Weiler dicht besiedelt haben. Die Nord-Süd verlaufenden Täler der *Ilz* und des *Regen* trennen den Vorderen Bayerischen Wald vom Hinteren Bayerischen Wald. Westlich und östlich des Ilztales führen von Passau die B 85 und die B 12 am Hauptkamm entlang bzw. hinauf in das eigentliche Waldgebirge. Unter den Hochrücken, Kamm- und Gipfelbildungen ist der **Dreisesselberg** (1 320 m) des bayerischen Arms im Südwesten eine ausgeprägte Grenzmarke zwischen Bayern, Oberösterreich und Böhmen (ČSSR). Auf diesen, Passau am nächsten gelegenen *Aussichtsberg, führt eine Autostraße.

Man verläßt Passau auf der B 388 über die Ilzbrücke und nach 5 km das Donautal nach Norden. Im Satzbachtal gewinnt man die Höhe in (9 km) **Thyrnau** (444 m; 1 400 E.), ein Ort des alten Abteilandes mit einem fürstbischöflichen *Jagdschloß* des 18. Jhs., in das 1902 Zisterzienserinnen einzogen (Paramentenstickerei). An der Ausfahrt die ursprünglich spätgotische Kirche *St. Christoph.* – 15 km *Wotzdorf* mit bedeutenden Steinbrüchen. Der 'Hauzenberger' oder 'Kronreuther' Granit wird in Blöcken bis 30 cbm gebrochen. Er besteht aus 75% Feldspat, 17% Quarz, 8% Glimmer. Im Sägewerk werden die Rohlinge auf Form gebracht. Aus dem 'Haufwerk', den Trümmern, stellt ein Brecher 100 t Straßensplitt in der Stunde her.

17 km **Hauzenberg** (547–950 m; 11 500 E.), Erholungs- und Industrieort zwischen bewaldeten Höhen (Staffelberg, 793 m). Barocker *Marktbrunnen* von 1667. In der *Pfarrkirche St. Veit* die Seelenkapelle

von 1668, in der ein spätgotischer Flügelaltar des 15. Jh. aufgestellt ist. Am östlichen Ortsausgang, 1½ km vom Zentrum, der *Freudensee* (12 ha) mit Freibad. Wirtshaus, Kapelle und Burg Freudensee, ein fürstbischöfliches Jagdschlößchen.

4 km südöstlich von Hauzenberg liegt das Graphit-Bergwerk **Kropfmühle,** wo in schwierigem Untertagebau Graphit gewonnen und die Hälfte dieses einzigen Abbaus in der Bundesrepublik ins Ausland ausgeführt wird. Das weiche Mineral, seit 1779 Graphit genannt, ist chemisch reiner Kohlenstoff wie Diamant. Es wurde schon 1250 im Tagbau gewonnen und hat die Herstellung von Schmelztiegeln in Obernzell (Hafnerzell) zur Blüte gebracht. Die unter Beimischen von 40% Ton und 10% Quarz hergestellten Passauer Tiegel sind nur noch im Museum Oberhaus in Passau zu sehen, denn 1940 erlosch das Handwerk. Heute wird Graphit gebraucht in der Elektroindustrie, in der Nukleartechnik und zur Erzeugung von Schmiermitteln, letztendlich immer noch für den Bleistift. Die Einfahrt für Besucher bis zur 4. Sohle in 42 m Tiefe ist möglich (gutes Schuhwerk). Ein Bergwerksmuseum und ein geologischer Lehrpfad dokumentieren die Entstehung des Minerals, die Entwicklung des Bergbaus und seine Endprodukte. Geöffnet Di–So 9.30 bis 17.30 Uhr.

Die Straße führt durch Wald und an Steinbrüchen vorüber nach Nordwesten. – 18 km l. Abzweigung einer kleinen Straße zum *Aussichtsturm Oberlichtenau* auf dem Sternberg (830 m; zu Fuß noch 10 Min.). – Dann kurvenreich durch Wald bergab.

29 km **Waldkirchen** (514 m; 6 000 E.), lebhafter, freundlicher Markt und Luftkurort inmitten einer typischen Bayerwaldlandschaft. Der wohl schon im 8. Jh. gegründete Ort war eine wichtige Station am 'Goldenen Steig', auf dem die kostbare Salzfracht nach Böhmen gebracht wurde. Nach schwerer Zerstörung 1945 wieder aufgebaut. Auf dem Marktplatz der 'Ewige Hochzeiter', eine Mannsfigur aus Stein. Moderne Pfarrkirche, barocke St.-Karolus-Kapelle von ca. 1665.

Die Straße wendet sich ansteigend nach Osten. – 32 km *Erlauzwiesel* (624 m) am Erlau-Stausee. – 32 km *Jandelsbrunn* (650 m; 1 700 E.), als eines der sieben königlichen Dörfer im 15.–18. Jh. in österr. Besitz. – 42 km *Alt-Reichenau* (800 m; 1 400 E.), verstreut auf einem Höhenrücken gelegen, einst Sitz einer Glashütte. – 46 km *Frauenberg* (857 m), Streusiedlung auf der Wasserscheide von Donau und Elbe, mit dem Berghotel 'Adalbert-Stifter-Haus'. – Am Ortsende biegt r. die kurvenreiche Straße in den Wald hinauf zum Dreisessel. – 49 km *Kreuzbachklause* (918 m), wo das Wasser für die Holztriftkanäle abgeleitet wird. Weiter in Windungen durch prächtigen Wald.

58 km *Dreisesselhaus* (1 312 m), Parkplatz und 10 Min. zu Fuß zum Gipfel. Im Schutzhaus Bergwachtstation und Rotes Kreuz. Skilift von Frauenberg; dort nächste Unterkunft.

Der ***Dreisessel** (um 1320 m) ist der südöstlichste Bergstock des Bayerwaldes, unmittelbar an der Dreiländergrenze Deutschland,

Österreich, Tschechoslowakei. Mischwald bedeckt Gipfel und Flanken. In der Kammzone bildet der harte Granit prächtige Blockmeere und Felsgruppen. Zwei Einzelgipfel, bestehend aus übereinander getürmten, riesigen Granitstücken, überragen etwas den Kamm: an der Westseite der *Dreisesselfels* (1312 m), eine Felsgruppe aus 30 bis 40 übereinandergeschichteten Platten, in deren sesselartigen Vertiefungen der Sage nach die Herrscher von Bayern, Böhmen und Österreich gesessen haben sollen (einst Grenzpunkt). Beste Aussicht vom *Hochstein* (1332 m), einer Felsgruppe mit Holzkreuz, 10 Min. nördlich vom Gasthaus. Fernrohr, weiter Blick über die unbesiedelten Waldberge Böhmens.

Zurück entweder auf der Hauptstraße bis Altreichenau oder – interessanter – wenn man beim Berghotel Adalbert-Stifter-Haus rechts auf das kleine, aber gute Sträßchen nach Südosten abbiegt und an der Südseite des Dreisesselberges bis zur Landesgrenze fährt.

70 km *Lackenhäuser* (720 m; 420 E.), eine Streusiedlung hart an der Grenze, deren Name sich von ‘lacken’ = ‘für das Roden kennzeichnen’ herleitet. Großer Campingplatz des Wohnwagenfabrikanten Knaus mit 600 Stellplätzen und vielen Freizeiteinrichtungen. Das ‘Rosenberger Gut’ des Kaufmanns Rosenberger war in den Jahren 1855–65 der Lieblingsaufenthalt von Adalbert Stifter, der hier am ‘Witiko’ schrieb. Heute Jugendherberge mit Stifterzimmer. Heimatmuseum, das Geräte aus dem bäuerlichen Leben ausstellt.

75 km **Breitenberg** (807 m), Mittelpunkt der sog. ‘Neuen Welt’ zwischen Dreisessel und Wegscheid, einem Gebiet, das der Fürstbischof Wenzel von Passau ab 1698 roden ließ und mit Salzburgern besiedelte, die Hausformen, Trachten und Dialekt mitbrachten. Seit 1975 gibt es hier ein *Weberei-Museum,* das die frühere Flachsgewinnung und -verarbeitung anschaulich dokumentiert. Die Leinenweberei zählt zu den ältesten Gewerben dieser Region. Die Straße führt etwa 2 km von der Grenze entfernt windungsreich meist durch offene Landschaft nach Süden. – 81 km *Thalberg* (803 m; 634 E.).

84 km **Wegscheid** (734 m; 4 600 E.), östlichste Gemeinde der Bundesrepublik an der Gabelung alter Handelsstraßen. Jahrhundertelang ein Zentrum der Weberei und Leinenherstellung. Heute auch optische Industrie. Spätgotische Pfarrkirche, barocke *Wasserkapelle* (1770) mit Christusfigur, aus deren Wundmalen Wasser rieselt. – Die Straße (B 388) wendet sich abwärts nach Westen. – 103 km *Untergriesbach* (580 m; 5 770 E.). Der seit 1260 bestehende Markt entwickelte sich durch das Vorkommen von Porzellanerde und Graphit. Staatl. Web-

schule. Die spätgotische Pfarrkirche hat Turm, Querhaus und Hochaltar aus der Barockzeit. Am Hauptplatz eine dreiteilige Prangersäule. – Die Straße fällt in Kehren zur Donau ab. – 107 km **Obernzell** (296 m; S.112). Auf der S. 108 beschriebenen Straße zurück nach (124 km) Passau.

26. Nationalpark Bayerischer Wald

Im Bayer- und Böhmerwald (vgl. S. 119) ist ein abgegrenztes, 130 qkm großes Gebiet in wenigen Jahren zu internationalem Ansehen gelangt: der 1970 vom Freistaat Bayern der Öffentlichkeit übergebene ***Nationalpark Bayerischer Wald.** Er ist ein von langer Hand vorbereitetes Unternehmen, das nicht nur dem Erlebnis und Schaubedürfnis der insgesamt 1,3 Mio Besucher zuliebe bis heute Millionen kostete. Seine Zielsetzungen und Aufgaben sind weitreichender als nur zu bewahren, was hier in einer geringer verwandelten und weniger ausgebeuteten Landschaft verblieb. Naturschutz beschränkt sich hier nicht auf Forschen und Rückführen von Tieren und Pflanzen, sondern erfordert zunehmend ökosoziologische, geschichtliche und rechtliche Untersuchungen für umfangreiche, erst in Jahrzehnten zu verwirklichende Landschaftspläne. Schwerpunkt der Bemühungen ist die Schärfung des menschlichen Gewissens für Umwelt- und Naturschutzfragen.

Das Gebotene ist notfalls an einem Tage zu überschauen. Die Straße von *Freyung* (an der B 12, 38 km von Passau) über *Grafenau* (nahe der B 85 und 40 km von Passau) bildet über Spiegelau hinaus eine rd 35 km lange, in etwa 10 km Entfernung vom Wald verlaufende Ausgangslinie. Näher am Wald verbindet eine Straße die alten Glashütten- und Holzköhlerdörfer Neuschönau, St. Oswald, Höhenbrunn und Riedlhütte. Die Nationalparkstraße verläuft zwischen Mauth und Spiegelau im Wald selbst an den Hauptpunkten vorüber. Wanderpfade zweigen ab in urwaldlichen Bergwald, zu Hochmooren, Blockmeeren, Wildgehegen, Waldspiel- und Waldrastplätzen. An der Kreuzung mit der von Grafenau heraufführenden Landstraße liegen am Eingang zur *Gehegezone ein *Informationshaus* mit Plantafeln, Lehrmaterial, Schauräumen und eine Gaststätte. In ihrer Nähe hausen Braunbär, Luchs, Wolf und Marder, Füchse und Ottern. Man begegnet Wisenten und Hirschen, wieder eingebürgerten Wildtieren und fast ausgestorbenen Vogelarten (Uhu, Habichtskauz). Zum *Eiszeitlehrpfad* sind es 12 km, ins *Waldgeschichtliche Wandergebiet* 10 km, auf den *Lusengipfel* 6 km (1 373 m; Schutzhaus). 300 km Wanderwege, 1 300 Wegweiser, rd 200 unterrichtende Tafeln, 24 Schutzhütten und 30 Rastplätze wurden angelegt. Nationalparkverwaltung 8352 Grafenau, Tel. 08552/20 77, Nationalpark-Haus, 8351 Neuschönau, Böhmstr. 35, Tel. 08558/13 00. Postbus von Passau 2 St. Fahrzeit.

Die Rückkehr nach Passau kann über **Grafenau** erfolgen. Die 600jährige Stadt an der historischen 'Gulden Straß' nach Böhmen besitzt das einzige *Schnupftabak-Museum* der Welt. – Weiter nach Süden auf der B 85. Nach 16 km rechts zum **Freilichtmuseum Tittling/Thurmannsbang.** Es zeigt zahlreiche Bauformen des Bayerischen Waldes und Niederbayerns zusammen mit vollständigen Handwerkseinrichtungen und bäuerlichem Hausrat. Mustergültig wurden etwa 40 Anwesen hier original wiederaufgebaut. Geöffnet täglich 9 bis 17 Uhr. Nach weiteren 26 km auf der 'Ostmarkstraße' (B 85) Richtung Süden erreicht man wieder Passau.

REGISTER

Zusammengefaßt sind Aussichtspunkte, Brücken, Brunnen, Denkmäler, Kirchen und Sport.